BAEDEKER SMART

Prag

Verlag Karl Baedeker – www.baedeker.com

Wie funktioniert der Reiseführer?

Wir präsentieren Ihnen Prags Sehenswürdigkeiten in vier Kapiteln. Jedem Kapitel ist eine *spezielle Farbe* zugeordnet.
Um Ihnen die Reiseplanung zu erleichtern, haben wir alle wichtigen Sehenswürdigkeiten jedes Kapitels in drei Rubriken gegliedert: Einzigartige Sehenswürdigkeiten sind in der Liste der *TOP 10* zusammengefasst und zusätzlich mit zwei Baedeker Sternen gekennzeichnet. Ebenfalls bedeutend, wenngleich nicht einzigartig, sind die Sehenswürdigkeiten der Rubrik *Nicht verpassen!* Eine Auswahl weiterer interessanter Ziele birgt die Rubrik *Nach Lust und Laune!*

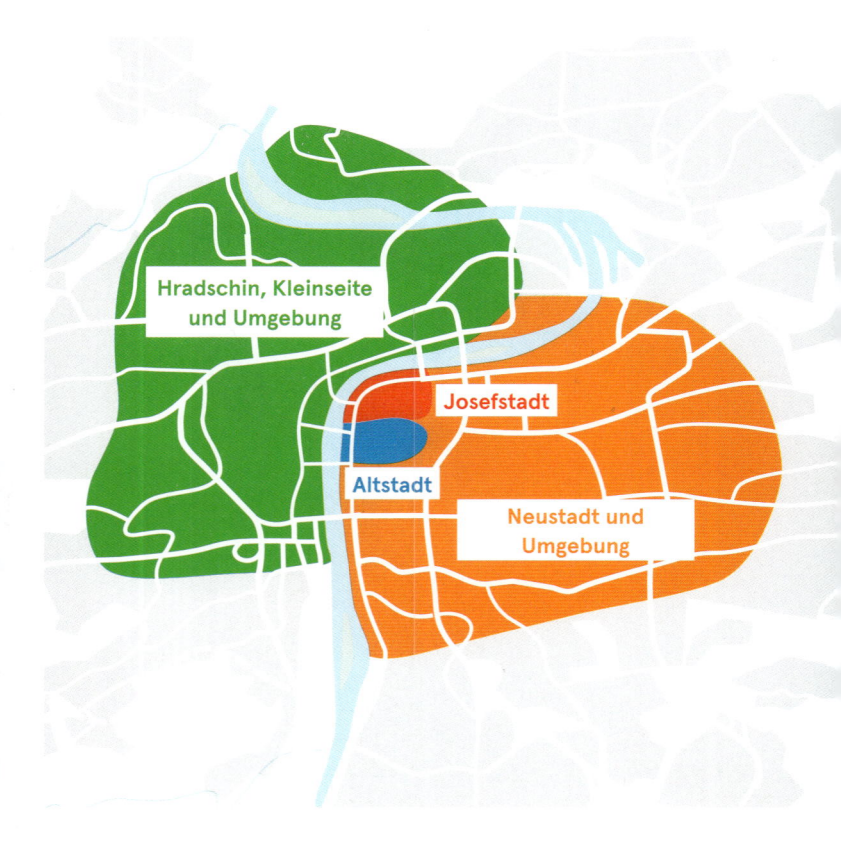

Hradschin, Kleinseite und Umgebung

Josefstadt

Altstadt

Neustadt und Umgebung

INHALT

★★ **Baedeker Topziele** 6
Ein Gefühl für Prag bekommen 8

Das Magazin

Mythos & Magie 14
Das chaotische
20. Jahrhundert 16
Jugendstil und
moderne Architektur 19
Die jüdische Gemeinde 21
Fensterstürze 23
Prags Liebe zur Musik 25
Das beste Bier der Welt 28
Kafka-Kult 30
Filmstadt Prag 32

Altstadt

Erste Orientierung 36
Mein Tag mit Geschichte
und Geschichten 38
Karlsbrücke ★★ 44
Altstädter Ring ★★ 49
Teynkirche und Teynhof 54
Ständetheater 56
Nach Lust und Laune! 58
Wohin zum Essen und
Trinken? 64
Wohin zum Einkaufen? 67
Wohin zum Ausgehen? 69

Hradschin, Kleinseite und Umgebung

Erste Orientierung 72
Mein Tag im Grünen 74
Prager Burg ★★........................ 80
Veitsdom ★★........................... 86

Kloster Strahov ★★ 91
Goldenes Gässchen ★★ 94
Gärten der Prager Burg 96
Kleinseitner Ring 99
Nach Lust und Laune! 102
Wohin zum Essen und
Trinken? 108
Wohin zum Einkaufen? 111
Wohin zum Ausgehen? 113

Josefstadt

Erste Orientierung 116
Mein Tag mit Pariser Flair
im jüdischen Prag.....................118
Alter jüdischer Friedhof ★★ 124
Pinkassynagoge 126
Altneusynagoge 128
Nach Lust und Laune! 130
Wohin zum Essen und
Trinken? 136
Wohin zum Einkaufen? 138
Wohin zum Ausgehen? 138

Neustadt und Umgebung

Erste Orientierung 142
Mein Tag in der Welt der
Architektur.......................... 144
Moldau ★★ 150
Repräsentationshaus ★★ 153
Wenzelsplatz ★★ 156
Mucha-Museum 160
Nationaltheater 161
Vyšehrad............................. 166
Nach Lust und Laune! 170
Wohin zum Essen und
Trinken? 174

Wohin zum Einkaufen? 175
Wohin zum Ausgehen? 177

Ausflüge

Kutná Hora (Kuttenberg) 181
Mělník 185
Terezín (Theresienstadt) 188

Spaziergänge

Rund um den Königsweg 194
Die Kleinseite 200

Praktische Informationen

Vor der Reise 206
Anreise 208
Unterwegs in Prag 209
Übernachten 211
Essen und Trinken 214
Ausgehen 214
Einkaufen 216
Veranstaltungskalender 216
Sprache 217
Cityatlas 219
Straßenregister 229
Register 235
Bildnachweis 238
Impressum 239

Magische Momente

Kommen Sie im rechten Moment und erleben Sie Unvergessliches.

Geheimnisvolle Stille 46
Quietschgrün und
sehr stark 62
Wohltuende Entspannung .. 101

Bolero in der Synagoge 133
Fantastische Lichtspiele 165
Sagenhafte Tagträume 169

Moderne Kunst zu bestaunen gibt es im Museum Kampa (S. 103). Untergebracht ist es in einer ehemaligen Mühle direkt am Ufer der Moldau

Internationales Flair verströmt der Radost FX Club (S. 177), eine Prager Top-Adresse

BAEDEKER TOPZIELE

★★ Baedeker Topziele

Unsere TOP 10 helfen Ihnen, von der absoluten Nummer eins bis zur Nummer zehn, die wichtigsten Sehenswürdigkeiten einzuplanen.

❶ ★★ Prager Burg
Über allem steht der Hradschin. Beinahe von überall ist die größte geschlossene Burganlage der Welt zu sehen. S. 80

❷ ★★ Karlsbrücke
Die von 31 Heiligenstatuen gesäumte Karlsbrücke gehört zu den ältesten Brücken Europas. Versäumen Sie auf keinen Fall die Überquerung, am besten frühmorgens! S. 44

❸ ★★ Veitsdom
Eines der großartigsten Bauwerke der Gotik wacht hoch über der Stadt. Jahrhunderte wurde an dieser Kirche gebaut, in der Karl IV. und der hl. Wenzel begraben liegen. S. 86

❹ ★★ Altstädter Ring
Prags gute Stube mit der Astronomischen Uhr, zwei Kirchen und beeindruckenden Fassaden. Hier schlägt das Herz der Stadt. S. 49

❺ ★★ Moldau
Ein Spaziergang entlang der Moldau zeigt den Glanz der Bürgerhäuser am eindrücklichsten – besonders nachmittags, wenn die Sonne die Fassaden ins Licht rückt. S. 150

❻ ★★ Repräsentationshaus
Das Jugendstil-Gesamtkunstwerk von 30 Künstlern gilt vielen als das faszinierendste Gebäude jener Epoche in Prag. Nehmen Sie sich ausreichend Zeit dafür, es gibt viel zu schauen! S. 153

❼ ★★ Kloster Strahov
Von außen eher unscheinbar, doch innen wartet eine der schönsten Bibliotheken Europas. Allein der Philosophische und Theologische Saal sind eine eigene Reise wert. S. 91

❽ ★★ Goldenes Gässchen
Wie Puppenhäuser wirken die ehemaligen Wohnhäuser der Alchemisten und Poeten. Durch eines von ihnen, in dem zeitweilig Franz Kafka lebte, wurde das Goldene Gässchen weltberühmt. S. 94

❾ ★★ Alter Jüdischer Friedhof
Rund 100 000 Tote liegen auf dem Alten Jüdischen Friedhof begraben. Die Steine auf den Gräbern zeugen von Respekt und Liebe zu den Verstorbenen. Hier scheint die Zeit stehen geblieben zu sein. S. 124

❿ ★★ Wenzelsplatz
Was ist nicht alles passiert auf dem Wenzelsplatz? Massendemos, Großkundgebungen und Umsturzversuche, all das sah Tschechiens bedeutendster Versammlungsort. S. 156

Ein Gefühl für Prag bekommen ...

Erleben, was die Stadt ausmacht, ihr einzigartiges Flair spüren. So, wie die Prager selbst.

Staré Město von oben
Wie klein die Altstadt wirklich ist, sieht man am besten von oben. Es gibt drei Möglichkeiten: den Blick von Osten von der Aussichtsplattform des *Pulverturms* (S. 170), den Blick von Westen vom *Altstädter Brückenturm* (S. 55) oder im Zentrum vom *Altstädter Rathausturm* (S. 51), wo bisweilen auf der Aussichtsetage ein Trompeter in historischem Kostüm die Besucher unterhält.

Im Kaffeehaus
Prag hat längst wieder an die Tradition seiner Grand Cafés angeknüpft. Einst saßen die Gäste bei einer Tasse Kaffee und studierten die Zeitungen. Kein Kellner eilte unaufgefordert herbei, um die Speisekarte oder die Rechnung zu präsentieren. So ist's meist bis heute. Beste Wahl: *Kavárna Slavia* (S. 67), *Café Savoy* (S. 108) oder *Grand Café Orient* (S. 67).

Mit der Tram durch Prag
Natürlich gibt es in Prag organisierte Rundfahrten, die alle Highlights abdecken. Bei einer Fahrt mit der Straßenbahnlinie 22 gelingt dies nicht, aber für 32 Kč fährt man immerhin quer durch die Stadt. Los geht's in Vinohrady am Náměstí Míru. Über die Národní Třída rumpelt die Tram hinab zur Moldau zum Nationaltheater und Café Slavia. Ebenfalls auf der Route: Prager Jesulein, Nikolauskirche, Waldstein-Garten, Prager Burg und die Klöster Strahov und Břevnovský.

Mit dem Boot durch Prag
In einem Kahn auf der Moldau rudern, in die Sonne blinzeln und das Panorama genießen: So lässt sich Prag in ein bis zwei Stunden vom »reißenden Wasser« (Vltava) aus erkunden. Wer es nicht so aktiv wünscht: Angebote für Passagierdampferfahrten bekommt man rund um die *Karlsbrücke* (S. 44): auf kleinen und großen Schiffen, mit oder ohne Lunch oder Dinner an Bord. Tipp: Am schönsten sind die Touren, die eine Fahrt auf dem *Teufelsbach* einschließen.

Blick ins altehrwürdige und prächtig renovierte Café Savoy

Beschaulicher Treffpunkt von Studenten: der Aufstieg zum Friedhof von Vyšehrad

Ein süffiges Bier im Gasthaus »Zum Kelch« erinnert an die Zeiten des braven Soldaten Schwejk

Mit Studenten essen

Kontakt ist schnell geknüpft, wenn man in die etwas versteckte Cafeteria der Prager Kunsthochschule geht, um günstig zu Mittag zu essen und den einen oder anderen Plausch mit Prager Studenten zu halten – über Kunst, Politik, Eishockey oder auch die jüngsten Szenetreffs. Es gibt wochentags drei Auswahlgerichte für um die 70 Kč. Der Eingang ist am Malo-stranské Náměstí 13 (✢223 D3), vis-à-vis der Nikolauskirche.

Im Dickicht der Zapfhähne

Sie sind laut und im Schankraum stehen Holztische ohne Tischdecken und Stühle ohne Polster. Die Gastwirtschaft (*hospoda*), die Bierstube (*pivnice*) oder der Ausschank (*výčep*) gehören zum tschechischen Lebensstil wie der Schweinebraten mit Knödeln und Kraut. Das tschechische Bier gilt als eines der besten überhaupt und ist landesweit mit Abstand das populärste Getränk. Am originellsten sind Kleinbrauereien wie Klášterní pivovar Strahov oder Pivovarský Dům.

Auf der Suche nach einem Mitbringsel

Für Schnäppchenjäger sind die Zeiten nicht mehr so gut, denn das Produktangebot orientiert sich zunehmend international, sowohl in der Vielfalt als auch bei der Preisgestaltung. Seit eh und je sind Kristallwaren und Granat die berühmtesten tschechischen Produkte. Ganz oben auf der Liste steht bei vielen Besuchern Absinth, der giftgrüne, hochprozentige Kräuterschnaps.

Aufs Eis geführt

Sportbegeisterte sollten sich ein Eishockey-Match nicht entgehen lassen. Das Publikum im Land des sechsfachen Weltmeisters und Olympiasiegers von 1998 ist sowohl fachkundig als auch begeisterungsfähig. In Prag sind zwei Extraligisten zu Hause, Sparta und Slavia. Zudem steht hier die für 18 000 Zuschauer ausgelegte O_2-Arena (✢225 bei F4), die größte Eishockey-Halle Europas. Und wer sich selber einmal aufs Eis begeben will, der kann auf Kunsteisbahnen von Oktober bis April Schlittschuh laufen.

Abtanzen und Chillen

Die Club- und Loungeszene von Prag hat längst Anschluss gefunden an die der westlichen Nachbarn Wien und München. Prominente DJs geben sich die Klinke in die Hand. Aber es halten sich schon seit Jahrzehnten auch Läden aus alten Schüler- und Studentenzeiten. Angesagt sind die Buddha Bar (Jakubská 8, ✢224 C3) mit ihrem weltweit bekannten Sound und das SaSaZu (Bubenské nábřeží 306/13 ✢225 F5; S. 113): An Wochenenden tanzen in der gigantischen Großraumdisco auf mehreren Stockwerken bis zu 2500 Leute.

Die Karlsbrücke ist Prags klassisches Postkarten-motiv. Sie überspannt die Moldau schon seit fast 700 Jahren

Das Magazin

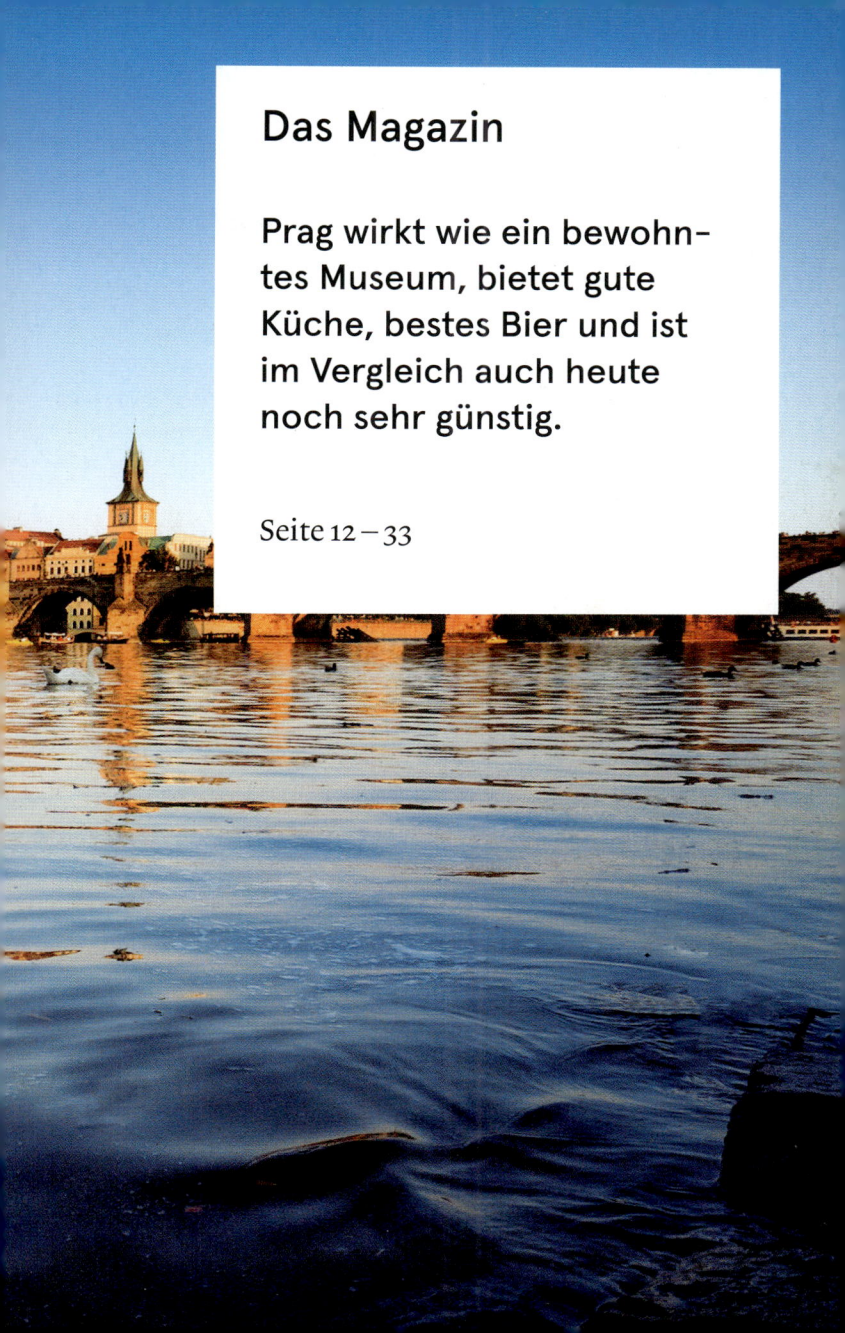

Prag wirkt wie ein bewohntes Museum, bietet gute Küche, bestes Bier und ist im Vergleich auch heute noch sehr günstig.

Seite 12 – 33

Mythos & Magie

Jede Stadt hat ihren Mythos, gewoben aus Dichtung und Wahrheit. Prag war über Jahrhunderte Heimat von Alchemisten, Astrologen, Heiligen und Märtyrern.

Vor einem halben Jahrtausend galten Alchemie und Astrologie als seriöse Wissenschaften. Die Versuche, Gold synthetisch herzustellen, und die Wahrsagung nach Sternenkonstellationen machte Kaiser Rudolf II., König von Böhmen, berühmt.

Rudolf II. – Weisheit und Alchemie

Mit 24 Jahren kam der Habsburger 1576 aus Madrid – ein hoch gebildeter Mann, der fließend Spanisch, Deutsch, Italienisch und Latein sprach und nun auch Tschechisch lernte. Als Kunstmäzen trug er eine der bedeutendsten Sammlungen Europas zusammen, die im Zuge des Dreißigjährigen Krieges geplündert und vorwiegend nach Stockholm, Dresden, München und Wien zerstreut wurde. Daneben fanden sich in seiner Wunderkammer Kuriositäten wie zwei Nägel der

Arche Noah oder ein Klumpen des Lehms, aus dem Gott Adam geformt haben soll. Großes Interesse zeigte Rudolf auch an Philosophie und Naturwissenschaften. Am Prager Hof versammelte er internationale Koryphäen: Mit dem Italiener Giordano Bruno diskutierte er Fragen des Humanismus, mit dem Dänen Tycho Brahe und dem Deutschen Johannes Kepler betrieb er himmelskundliche Forschungen. Brahe entwarf als Hofastronom ein Modell des Sonnensystems, sein Schüler Kepler berechnete die elliptischen Bahnen der Planeten um die Sonne. Noch wichtiger waren die beiden für Rudolf in ihrer Funktion als Alchemisten und Astrologen. Wie er glaubten sie an den Einfluss der Himmelskörper auf das menschliche Schicksal und an die Existenz eines »Steins der Weisen«, mit dem sich Gold herstellen ließe. Und als wollten sie insgeheim alchemistische Kräfte befördern, begannen die Prager damals vieles mit dem Etikett »golden« zu versehen, angefangen mit der Stadt selbst (»Goldenes Prag«).

Der Golem

Die bekannteste mythische Gestalt des alten Prag ist der Golem – eine menschliche Tonfigur, die sich mit magischen Praktiken zum Leben erwecken lassen sollte. Verknüpft ist die Sage mit Rabbi Löw, dem geistlichen Oberhaupt der jüdischen Gemeinde Prags im späten 16. Jh., der angeblich den Golem erschuf und sich dienstbar machte, um den unterdrückten Juden Prags zu helfen. Löw war ein seriöser Gelehrter, dessen Rat sogar Rudolf II. suchte, und dürfte sich gegen solche Spekulationen eher verwahrt haben.

Stimmungsvoller Sonnenuntergang über
Franziskuskirche, Altstadt und Karlsbrücke

Das chaotische 20. Jahrhundert

Vollständig erschließt sich die Prager Geschichte im 20. Jh. wohl nur dem Historiker. Dennoch hilft der kurze Überblick, vieles besser zu verstehen.

Was 1918 vielversprechend begann mit der Deklaration einer Tschechoslowakischen Republik, die sich aus den Trümmern Österreich-Ungarns erhob, endete zwei Jahrzehnte später mit der deutschen Besatzung. Drei Jahre nach dem Ende des Zweiten Weltkriegs ergriffen die tschechischen Kommunisten – unterstützt von der Sowjetunion – per Staatsstreich die Macht. Erst 1989 gewann das Land seine volle Unabhängigkeit zurück.

Von der Monarchie zur Republik
Rund 300 Jahre fristete Böhmen ein Dasein im Schatten der Habsburger Monarchie. Das Streben der Tschechen nach Unabhängigkeit zeigte erst im 19. Jh. kleine Erfolge mit der Wiederbelebung der eigenen Sprache. Der Erste Weltkrieg begann 1914 für die Tschechen noch in Allianz mit Österreich-Ungarn und mit Deutschland, doch nach der Niederlage Deutschlands und dem völligen Zusammenbruch der k.-u.-k.-Monarchie war 1918 der Weg frei für die erste Tschechische Republik. Die zwei Jahrzehnte, die sie bis zum Einmarsch der Deutschen 1938 bestand, waren eine Art Goldenes Zeitalter politisch-kulturellen Aufschwungs und wirtschaftlichen Wohlstands. Das Land zählte zu den zehn reichsten Nationen.

Deutsche Besatzung
Ab 1933 sahen sich die Tschechen in einer Umklammerung durch Stalins Russland auf der einen und Hitlers Deutschland auf der anderen Seite. Letzterer sann auf Vergeltung für den »schmachvollen Frieden« von Versailles und die hiermit verbundene Entmilitarisierung und Zerschlagung des Deutschen Reichs: Bei seinen Expansionsplänen nach Osten stand die Annexion der Tschechoslowakei an erster Stelle. Das Münchner Abkommen vom September 1938 ermöglichte es Hitler, dieses Vorhaben in die Tat umzusetzen, ohne dass ein Schuss

Ohne auf größeren Widerstand zu treffen, rücken deutsche Truppen im Jahr 1938 in Prag ein

fiel: Der britische Premierminister Chamberlain akzeptierte die Abtretung des Sudetenlands an Deutschland unter der Bedingung, dass Hitler keine weiteren Eroberungszüge unternehmen würde. Als dann im März 1939 deutsche Panzer in das verbliebene Staatsgebiet der Tschechoslowakei rollten, war Chamberlains Initiative gescheitert.

Häufig wurde den Tschechen ihre Passivität während der NS-Zeit vorgeworfen. Doch Reinhard Heydrich regierte als Stellvertretender Reichsprotektor von Böhmen und Mähren mit eiserner Hand, ließ angebliche Widerstandskämpfer hinrichten und schickte vom Ghetto Theresienstadt (Terezín; S. 188) aus Zehntausende von Juden in den Tod. Der tschechische Widerstand erreichte seinen Höhepunkt im Mai 1942, als es einer aus London eingeschleusten Widerstandseinheit gelang, Heydrich bei einem Handgranaten-Attentat zu töten. Die Widerstandskämpfer wurden später in ihrem Versteck in der Kirche St. Kyrill und Method in der Resslova Ulice entdeckt und hingerichtet – die Spuren der Kugeleinschläge sind noch sichtbar. Die deutsche Vergeltung für den Anschlag war grausam: Tausende wurden deportiert und ermordet, die Dörfer Lidice und Ležáky dem Erdboden gleichgemacht. Erst in den letzten Kriegstagen im Mai 1945 gelang es den Tschechen, sich gegen ihre Besatzer zu erheben – zu diesem Zeitpunkt stand die Sowjetarmee bereits in den Außenbezirken von Prag und US-amerikanische Truppen waren bis nach Pilsen vorgedrungen.

Von Hitler zu Stalin
Das Kriegsende verhalf der Stadt zu einer Atempause, doch dieses Mal konnte sich die Demokratie nicht etablieren. Auf der Konferenz von Jalta im Februar 1945 zur sowjetischen Interessenssphäre erklärt,

Panzer des Warschauer Pakts setzen dem Prager Frühling ein Ende

befand sich die Tschechoslowakei während des Kalten Krieges östlich des Eisernen Vorhangs. Bei den ersten freien Wahlen nach dem Krieg 1946 errangen die Kommunisten die Mehrheit und übernahmen zwei Jahre später – im Schulterschluss mit Moskau – durch einen unblutigen Putsch die Macht.

Prager Frühling und »Samtene Revolution«

Es folgten zwei Jahrzehnte der politischen Unterdrückung. Hoffnung keimte auf, als während des Prager Frühlings von 1968 der neu eingesetzte Erste Sekretär der Kommunistischen Partei, Alexander Dubček, einen »Sozialismus mit menschlichem Antlitz« versprach. Doch die alte Garde der Partei bat den Kreml um Unterstützung: Im August kam es zur Invasion der Truppen des Warschauer Pakts unter Führung der Sowjetunion. Als die Panzer in Prag einrollten, wurde Dubček in Handschellen nach Moskau geflogen und degradiert. Die nächsten 20 Jahre wurde das Land als Polizeistaat regiert und die Wirtschaft brach fast völlig zusammen.

1989 war das Jahr, in dem Michail Gorbatschow das Ende des Kalten Krieges einleitete und die Freiheit nach Osteuropa kam. Im September suchten 4000 DDR-Bürger in der deutschen Botschaft in Prag Zuflucht. Die Tschechen begehrten in den letzten Novemberwochen gegen das Regime auf: Als am 17. des Monats eine Gruppe protestierender Studenten von der Prager Polizei verhaftet wurde, kursierten (falsche) Gerüchte, einer der Studenten sei ums Leben gekommen – der Startschuss für massive Demonstrationen im ganzen Land. Ende des Jahres kapitulierten die Kommunisten und machten den Weg frei für eine neue Ära und einen Staatspräsidenten, der sie in idealer Weise verkörperte: Václav Havel, Dramatiker, Dissident und Gentleman. Es war der Märchenschluss eines Lehrstücks über die gewaltlose Übernahme der Macht durch das Volk, eben einer Samtenen Revolution.

Jugendstil und moderne Architektur

Prags Geschichte ist seinen Bauwerken eingeschrieben. Es sind vorwiegend Meisterwerke aus Gotik, Renaissance und Barock, doch viele der interessantesten Gebäude stammen aus dem späten 19. und frühen 20. Jh. – errichtet in Formen des Jugendstils, Kubismus und Funktionalismus.

Mitte des 19. Jhs. setzte sich vielerorts in Europa der Historismus durch, ein rückwärtsgewandter Architekturstil, der an alte Stilelemente anknüpfte und diese mitunter neu kombinierte. Auch die Prager Baumeister orientierten sich am Vorbild der Reichshauptstadt Wien, wo ein strenger Klassizismus den Ton angab. Noch im heutigen Prag gibt es ganze Straßenzüge solch anmutig-schlichter Gebäude. Später setzte sich hier eine an historischen Vorbildern ausgerichtete, eher ornamentale Bauweise durch: Viele Turmspitzen, die die Silhouette der Stadt dominieren, entstanden keineswegs im 14. oder 15. Jh., sondern im Zuge jener modischen Neubelebung von Gotik und Renaissance.

Der Jugendstil bringt frischen Wind

Erst die Wende zum 20. Jh. brachte neue Akzente in die angestaubte Architekturlandschaft, ausgelöst durch den Import des Pariser Jugendstils und seiner etwas moderateren Wiener Spielart, die beide in Prag recht großen Einfluss hatten. Als anerkannt schönstes Beispiel dieser Architekturepoche gilt gemeinhin der herrliche Jugendstilbau des Repräsentationshauses (Obecní Dům, S. 153), doch werfen Sie dort auf jeden Fall auch einen Blick um die Ecke auf das Hotel Paříž (U Obecního Domu 1, S. 212).

Begehbare Kunstwerke des Kubismus

Architektonische Experimente bestimmten dann auch die ersten Jahrzehnte des 20. Jhs. in Form kubistischer Bauwerke – das tschechische Phänomen brachte verspielte geometrische Fassadenelemente hervor. Interessantestes Beispiel im Stadtzentrum ist das Haus Zur Schwarzen Muttergottes (S. 63), sehenswert ist auch das Ensemble kubistischer Häuser unterhalb der Festung Vyšehrad (S. 166).

Schluss mit Schmuck

In den 1920er- und frühen 1930er-Jahren hielt eine funktionale Ästhetik Einzug, die sich am Vorbild des Bauhauses orientierte. Die junge Architektengeneration hielt Dekor für überflüssig. In Prag findet man Zeugnisse dieser Epoche vorwiegend in der Gestalt privater Villen in den Außenbezirken. Eine der schönsten, die von Adolf Loos erbaute Villa Müller (Nad Hradním vodojemem 14, Prag 6, www.muzeumprahy.cz/mullerova-vila/), kann besichtigt werden. In der Innenstadt verkörpert das Schuhgeschäft Bata am Václavské náměstí 6 funktionalistisches Bauen.

Protz und Ödnis

Vom Ende des Zweiten Weltkriegs bis Mitte der 1980er-Jahre erlebte Prag einen regelrechten Bauboom. Anfangs war dabei der aus der UdSSR importierte monumentale Stil der Stalin-Ära maßgeblich, wie er am ehemaligen Hotel International (jetzt Crowne Plaza Hotel, Koulová 15, Prag 6) erkennbar ist. Die Weltausstellung in Brüssel im Jahr 1958 vermittelte der Architektur hinter dem Eisernen Vorhang neue Impulse, doch vorwiegend steuerte man in das Fahrwasser eines öden Beton-Brutalismus. Exemplarisch stehen in Prag hierfür zwei große Warenhäuser, die in den 1970er-Jahren entstanden: Kotva (Náměstí Republiky 8) und Tesco (Národní třída 26). Auch Prags Fernsehturm aus den 1980er-Jahren (S. 172) ist letztlich nicht mehr als ein überdimensionierter Protz.

Einen reizvollen architektonischen Streifzug durch ein Lehrbuch europäischer Baukunst bietet die Gasse Karlova

Die jüdische Gemeinde

Die jüdische Gemeinde Prags zählt heute nur noch wenige Hundert Mitglieder. Dabei war jüdisches Leben jahrhundertelang ein prägendes Element der Stadt.

Ein erstes Zeugnis jüdischer Präsenz in Prag findet sich um das Jahr 965 im Bericht eines spanischen Reisenden, der Juden dort als Metall-, Pelz- und Sklavenhändler antraf. Ihre früheste Ansiedlung befand sich auf der Kleinseite (Malá Strana) am Fuß des Hradschin. Viele von ihnen gelangten damals zu beträchtlichem Wohlstand – durch Handel mit Weizen, Wolle, Pferden und Vieh sowie durch den Import von Seide, Juwelen, Gold, Wein und Gewürzen.

Frühe Pogrome

Der Erste Kreuzzug (1095) setzte diesem friedlichen Nebeneinander ein Ende, als der militante Antisemitismus der Kreuzritter seine Wirkung entfaltete. Zahlreiche Juden versuchten vor Plünderung, Zwangstaufe und Mord aus der Stadt zu flüchten, was die Obrigkeit mit der Beschlagnahme ihrer Vermögen quittierte. Im 13. Jh. wurden die Juden Prags auf dem rechten Flussufer ansässig, in der späteren Josefstadt (Josefov), die im

Warmes Kerzenlicht erhellt den Innenraum der Altneusynagoge

Spätmittelalter durch päpstlichen Erlass zum Ghetto wurde.

Je nach kaiserlicher Kassenlage plünderten oder schützten die Herrscher Prags jahrhundertelang das Vermögen jüdischer Einwohner. Das schlimmste Pogrom des Mittelalters ereignete sich 1389, als eine von fanatischen Priestern aufgestachelte Menge 3000 jüdische Männer, Frauen und Kinder niedermetzelte. Auch die Scharmützel der Hussiten gegen Staat und Kirche im Jahrhundert darauf endeten regelmäßig mit einem Überfall auf das Judenviertel. Offenbar hatte selbst die Idee der Religionsfreiheit den Antisemitismus nicht ausmerzen können.

Wohlstand und Friede

Doch es gab auch Phasen von Frieden und Wohlstand, wie die zweite Hälfte des 16. und die ersten Jahre des 17. Jhs. Kaiser Rudolf II. zeigte keinerlei Berührungsängste mit Juden: Sie waren seine Hofjuweliere und Mordechai Maisel war sein Hofbankier, der Vorsteher der jüdischen Gemeinde und einer der wichtigsten Bauherren des Judenviertels.

Der Anfang vom Ende

1781 erließ Kaiser Joseph II. das Toleranz-Edikt, das den Juden gestattete, auch außerhalb des Ghettos zu wohnen. Vor allem während des wirtschaftlichen Aufschwungs im 19. Jh. suchten jüdische Familien ihr Glück in anderen Teilen der Stadt oder des Kaiserreichs. Daraufhin entwickelte sich das alte Judenviertel zu einem Ghetto im modernen Sinne, verwahrlost, arm und mit hoher Kriminalitätsrate. Als frühes Beispiel einer Stadtsanierung – und nicht aus antisemitischen Beweggründen – beschlossen die Behörden, das Ghetto zu schleifen. Übrig blieben lediglich eine Handvoll Synagogen, der Alte Jüdische Friedhof und das Jüdische Rathaus, also das, was man heute noch sieht.

Das größte Elend der Juden aus Prag und seiner Umgebung begann mit der deutschen Besatzung 1939, als rund 45 000 systematisch verhaftet und in das Konzentrationslager Theresienstadt (S. 188) deportiert wurden. Viele von ihnen wurden später im Vernichtungslager Auschwitz ermordet. Nur ein paar Tausend Prager Juden überlebten die Schrecken des Naziregimes.

Dass das jüdische Erbe heute noch im Prager Jüdischen Museum der Nachwelt erhalten ist, ist einer Ironie der Geschichte zu verdanken: Hitler plante in Prag die Einrichtung eines Museums der »Ausgestorbenen Juden-Rasse«. Zu diesem Zweck wurden hier geraubte jüdische Besitztümer und Kultgegenstände gesammelt.

Fensterstürze

Prag ging als Stadt der Fensterstürze in die Geschichte ein. Sie führten zu Aufständen und Pogromen, einer wurde zum Auslöser des Dreißigjährigen Kriegs.

Der erste Fenstersturz ereignete sich an einem Julimorgen des Jahres 1419 nach einer flammenden Predigt des Hussitenpriesters Jan Elivský (Johann von Selau) – vier Jahre, nachdem der Reformator Jan Hus von der katholischen Kirche als Ketzer verbrannt worden war.

Mit Piken und Lanzen

Die Amtskirche und ihre hussitischen Kritiker waren in einen erbitterten Streit um das Abendmahl verwickelt: Die Hussiten hielten nicht nur die Geistlichkeit, sondern alle Gläubigen des Abendmahls für würdig. Nach der Hinrichtung von Hus auf dem Konstanzer Konzil 1415 enteigneten die Katholiken die hussitischen Kirchen und unterzogen die aus ihrer Sicht entweihten Altäre einer rituellen Reinigung. Elivský sah die Zeit zur Revanche gekommen und führte seine aufgebrachte Schar zum Neustäder Rathaus, wo sie den Bürgermeister und ein Dutzend Ratsherren aus dem Fenster stießen. Viele wurden von aufgepflanzten Piken und Lanzen der tobenden

Böhmische Protestanten werfen die Ratsherren aus dem Fenster

Menge unten auf dem Platz durchbohrt, die anderen zu Tode getrampelt. Anschließend zogen die Aufrührer plündernd durch katholische Gotteshäuser und das Judenviertel.

Landung auf dem Misthaufen
Der berühmteste (zweite) Fenstersturz ereignete sich am 23. Mai 1618. Erbost über die Weigerung des böhmischen Königs Ferdinand von Steiermark, der Diskriminierung ihrer Glaubensgenossen Einhalt zu gebieten, zogen der Priester Václav Budova und Graf Matthias von Thurn an der Spitze einer Gruppe protestantischer Abgeordneter zur böhmischen Kanzlei in der Prager Burg, um die katholischen Statthalter Wilhelm Slavata und Jaroslav Graf von Martinitz zur Rede zu stellen. Mit Worten hielten sie sich nicht lange auf, sondern beförderten die zwei (gemeinsam mit einem Sekretär) aus dem Fenster. Dieses Mal gab es eine sanfte Landung, denn die Männer fielen, so die Protestanten, auf einen Misthaufen bzw. wurden vom Umhang der Heiligen Jungfrau aufgefangen, so die Gegenseite. Weniger glimpflich war das anschließende Randalieren im Judenviertel und in einigen Klöstern, bei dem auch Mönche ums Leben kamen. Vor allem aber entzündete die Revolte die Lunte des Dreißigjährigen Krieges.

Sprung oder Sturz?
Ein weiteres Ereignis trug sich in jüngerer Vergangenheit zu, und bis heute ist nicht geklärt, ob es sich dabei um einen Sturz oder einen Sprung aus freiem Willen handelte. Im März 1948, zwei Wochen nach der Machtergreifung der Kommunisten, stürzte der tschechische Außenminister Jan Masaryk aus einem Fenster des Palais Černín zu Tode. Es hieß, der einzige Nicht-Kommunist in der Regierung habe aus tiefer Resignation so gehandelt, was sein Freundeskreis entschieden bestritt.

Prager Bürger lesen die öffentlich ausgehängte Nachricht vom Tod Jan Masaryks am 10. März 1948

Prags Liebe zur Musik

Von der Premiere einer der bedeutendsten Opern Mozarts bis zu einem Ex-Präsidenten, der befreundet war mit Rockstars wie Frank Zappa und den Rolling Stones – Prag ist eine Stadt der Musik.

Mozart in Prag

Lange bevor Bedřich Smetana und Antonín Dvořák, die größten tschechischen Komponisten des 19. Jhs., in Europa von sich reden machten, konnte Wolfgang Amadeus Mozart in Wien vom erlesenen Musikgeschmack des Prager Publikums berichten, das seine Oper *Die Hochzeit des Figaro* gefeiert hatte. »Man redet hier über nichts anderes als den Figaro. Nichts wird gespielt, gesungen oder gepfiffen außer dem Figaro«, schreibt Mozart. Auf einem Ball stellte er mit Vergnügen fest, dass man die Melodien der Oper bereits in Quadrillen und Walzer verwandelt hatte. Die Prager Aufführungen dirigierte er selbst. In Wien war die Oper 1786 wegen mäßiger Resonanz nach nur neun Vorstellungen abgesetzt worden.

In Prag erhielt Mozart auch den Auftrag zu seiner vielleicht beeindruckendsten Oper: *Don Giovanni*.

Wie üblich, setzte er erst einen Tag vor der Premiere den letzten Federstrich an die Ouvertüre und erschien am 29. Oktober 1789 verspätet zur ersten Vorstellung im heutigen Ständetheater (S. 56). Presse und Publikum zeigten sich gleichermaßen begeistert, während die Reaktion in Wien erneut kühler

Dieses Klavier gehörte einst dem berühmten Komponisten Antonin Dvorak

MAGAZIN 25

Kammermusik im Mozart-Museum in der Villa Bertramka

ausfiel – was der Komponist ebenso kühl mit dem Satz quittierte: »Meine Prager verstehen mich!« Als Mozart zwei Jahre später in Wien starb, wurde er dem damaligen Brauch folgend in einem Massengrab beigesetzt. In Prag versammelten sich drei Tage nach der Beerdigung Hunderte zu einem Gedenkgottesdienst in der Kleinseitner Nikolauskirche (S. 100), in der er einst selbst die Orgel gespielt hatte. Passenderweise drehte Miloš Forman seinen mit einem Oscar ausgezeichneten Film *Amadeus* nicht in Wien, sondern in Prag.

Smetana und Dvořák

Musik ist im Bewusstsein der Tschechen immer eng mit Patriotismus verknüpft. Prags große Opernhäuser machen da keine Ausnahme. Über der Front des Nationaltheaters (S. 161) prangt in goldenen Lettern der Spruch »Národ sobě« (»Die Nation sich selbst«), auch insofern passend, als es hauptsächlich durch Spenden finanziert wurde, während die Fassade des Ständetheaters (S. 56) mit dem Motto »Patriae et Musis« (»Dem Vaterland und den Musen«) aufwartet.

Ein Patriot reinsten Wassers war der Komponist Bedřich Smetana (1824–1884), der in seiner 1881 für die Eröffnung des Nationaltheaters (S. 164) komponierten romantischen Oper *Libuše* (*Libusa*) die mythischen Wurzeln seines Volkes musikalisch verherrlichte. Zu Smetanas bekanntesten Werken gehören die Oper *Die verkaufte Braut* und die sinfonische Dichtung *Die Moldau* aus dem Zyklus *Mein Vaterland* (Smetana-Museum; S. 58).

Der erste tschechische Komponist von internationalem Rang war Antonín Dvořák (1841–1904), dessen Werke zwar kaum den patriotischen Gestus Smetanas aufweisen, zum Teil jedoch einen unverwechselbar volkstümlichen Klang besitzen, vor

Die Prager Jazzszene – hier im Agharta – ist legendär

allem die *Slawischen Tänze* und die Märchenoper *Rusalka*. Seine berühmte Sinfonie *Aus der Neuen Welt*, die er 1893 während seiner Tätigkeit als Leiter des New Yorker Konservatoriums schrieb, verknüpft dezent europäische Volksliedmotive mit Anleihen aus der Gospel- und der indianischen Musik.

Mehr über den Komponisten erfahren Sie im Dvořák-Museum in der Vila Amerika (Ke Karlovu 20, Prag 2, Nové Město, Tel. 2 24 91 80 13; www.nm.cz; tgl. 10–17 Uhr; Metro I. P. Pavlova; Tram 4, 6, 10, 16, 22; 50 Kč).

Walk on the Wild Side

Die Entourage von Freigeistern, die sich um den späteren Präsidenten Václav Havel scharte, wurde sicherlich nicht zuletzt durch dessen Begeisterung für Jazz und Rock magisch angezogen: In den bleiernen Jahren des Kommunismus waren schräge Töne wie von Bürgerschreck Frank Zappa die schönste Musik in den Ohren der Dissidenten. Als 1968 sowjetische Panzer den Prager Frühling niederwalzten, legten sie nicht zufällig dessen Album *Absolutely Free* auf den Plattenteller. 23 Jahre später gab Zappa ein Konzert auf der Prager Burg, zur Feier des Abzugs der sowjetischen Truppen. Unter den Gästen waren Lou Reed und Mick Jagger auf Vermittlung eines engen Beraters von Havel, des tschechischen Rockstars Michael Kocáb.

Seit der »Samtenen Revolution« von 1989 hat sich die Musikszene vielfältig entwickelt und fand in Genres wie Rap, Hip-Hop, Pop, Rock, R & B und Techno Anschluss an die Szene Westeuropas. Zu den Stars gehören aber auch immer noch die Idole aus den Jahren des Kalten Krieges, wie Karel Gott und Helena Vondráčková, beide im Rentenalter und in den Hitparaden.

Das beste Bier der Welt

Das reiche Aroma und die dunkle Bernsteinfarbe des tschechischen Biers sind, so sagen die Tschechen, einzigartig – trotz der vielen Versuche in aller Welt, sie zu kopieren.

Wie alles begann
Die böhmischen Brauereien fermentierten schon vor über 1000 Jahren Malz, Wasser und Hopfen, um »flüssiges Brot« herzustellen. Auch ihre Herrscher zeigten ein reges Interesse – Karl IV. verbot die Ausfuhr von lokalem Hopfen, Rudolf II. kaufte sogar die Brauerei Krušovice, um die stetige Versorgung einer seiner privaten Residenzen zu gewährleisten. Im 19. Jh. gab es schließlich allein in Prag mehr als 60 unabhängige Brauereien. Sie wurden zwar größtenteils durch internationale Konzerne aufgekauft, doch die Tschechen sind nach wie vor anspruchsvolle Biertrinker und die Standards bleiben weiterhin hoch.

Das Beste vom Besten
Pilsner Urquell (auf Tschechisch: Plzeňský Prazdroj) wird schon seit

Biertrinken ist in Tschechien eine Philosophie für sich und das frische Bier aus den Zapfhähnen ist das populärste Getränk (oben). Bierdeckel im U Kalicha (links) und ein Plakat für Pilsner Urquell (rechts)

Im »Kolkovna Olympia« bekommt man neben Bier auch deftige tschechische Küche

1842 in der Industriestadt Pilsen (Plzeň) südwestlich von Prag gebraut. Hergestellt wird es aus hochwertigem Saazer Hopfen und – nicht weniger wichtig – dem berühmten weichen Wasser der Region.

Sein bedeutendster Rivale ist Budweiser Budvar. Dieses milde, leicht süßliche Bier stammt aus der südlichen Stadt Budweis (České Budějovice) und hat nichts mit dem amerikanischen »Bud« zu tun. In allen Lokalen mit dem Ziegenemblem können Sie das beliebte, leichte und spritzige Velkopopovický kozel probieren, das einen leicht bitteren Geschmack hat. Hergestellt wird es von der Brauerei Velké Popovice im gleichnamigen Ort südöstlich von Prag.

Verjüngungskur

Viele der ältesten und bekanntesten Kneipen (*pivnice*) in Prag wurden einer Verjüngungskur unterzogen. Infolgedessen servieren die meisten heute auch Speisen. Vor allem im Sommer sind Biergärten beliebt – einer der schönsten mit wunderbarer Aussicht über die gesamte Prager Altstadt liegt in den Letná-Anlagen, zu erreichen über die Treppe an der Čechův-Brücke (Tram 17).

Übrigens erwarten tschechische Gäste, dass am Tisch ohne erneute Bestellung nachgeschenkt wird; wenn man kein weiteres Bier möchte, gibt man es zurück. Die Zahlen (10 oder 12 usw.) auf den Etiketten zeigen den Malzgehalt an. Biere mit einem höheren Wert haben auch etwas mehr Alkohol.

Kafka-Kult

Prag ließ ihn nie los. Und Prag dominierte ihn, fast wie sein Vater: Franz Kafkas Hassliebe zu seiner Geburtsstadt ist gut beurkundet, die Stadt hinterließ einen unauslöschlichen Eindruck auf einen der einflussreichsten Schriftsteller des 20. Jahrhunderts.

Zur Schule im Karolinum

Kafka verbrachte einen Großteil der ersten Hälfte seines Lebens nur wenige Gehminuten vom Altstädter Ring entfernt. Er wurde 1883 in einem Haus auf dem heutigen Náměstí Franze Kafky geboren, sein Vater besaß ein Geschäft für Kurzwaren und Modeartikel am Staroměstské Náměstí 8. Er besuchte die örtlichen Schulen und das Karolinum (S. 63).

Kafkaesk

Nach Abschluss seines Jurastudiums arbeitete Kafka in einem Versicherungsbüro am Wenzelsplatz (S. 156). Obwohl er ein gewissenhafter Mitarbeiter war, erwies sich seine blühende Fantasie für einen Büromenschen als denkbar unpassend. Jede freie Minute verbrachte er daher mit der Arbeit an den Romanen, die ihn berühmt machen sollten.

In seinen Werken überträgt er seine Enttäuschung über die eintönige Welt des Büros auf Figuren, die ständig durch finstere Autoritätspersonen zum Scheitern verurteilt sind. In *Das Schloss* wird dem Helden »K.« wiederholt der Zugang zu einem Schloss verweigert, in dem er als kleiner Beamter angestellt ist.

Franz Kafka am Altstädter Ring 1922

> **VATERFIGUR**
>
> Kafkas Beziehung zu seinem Vater (rechts) war schwierig. Seine bleibende Erinnerung an Hermann Kafka, einen Geschäftsmann, der seinen Aufstieg als reisender Kaufmann begann, war die an einen Tyrannen, der die Mitarbeiter in seinem Geschäft schikanierte und anbrüllte. In seiner Erzählung *Das Urteil* von 1912 wendet sich ein Vater gegen seinen Sohn, überhäuft ihn mit Beleidigungen und Vorwürfen und »verurteilt ihn schließlich zum Tode« durch Ertrinken.

Josef K., der Protagonist des bekanntesten Kafka-Romans *Der Prozess*, wird festgenommen und mit schrecklichen Strafen bedroht, erfährt aber nie, was ihm eigentlich vorgeworfen wird. Die verwirrende, um nicht zu sagen unergründlich bedrohliche Welt, die Kafka schafft, ist so mächtig, dass sie im Deutschen mit einem eigenen Adjektiv beschrieben wird: »kafkaesk«.

»Die Verwandlung«

Vielen gelten Kafkas Erzählungen als dessen beste Arbeiten. Die bekannteste ist *Die Verwandlung*, in der die fiktive Person Gregor Samsa eines Morgens erwacht, um festzustellen, dass sie sich in ein riesiges Insekt verwandelt hat, und letztendlich von der Familie verstoßen wird. Seit der ersten Veröffentlichung im Jahr 1915 hat dieses Motiv Bühnendarstellungen, Filme, Zeichentrickfilme, Opern, eine Episode der *Simpsons* und mehrere Videospiele inspiriert.

Käfig auf der Suche nach einem Vogel

Am Ende löste Prag schließlich widerwillig seine Krallen, aber die Umstände waren tragisch. 1917 erkrankte Kafka nach einer massiven Blutung an Tuberkulose. Er zog sich aus dem Staatsdienst zurück, verbrachte den Rest seines Lebens in Sanatorien und starb im Jahr 1924. Sein Grab auf dem Neuen Jüdischen Friedhof in Prag ist heute ein viel besuchter Wallfahrtsort für Literaturliebhaber aus der ganzen Welt.

Das Museum Franz Kafka (Muzeum Franze Kafky, S.103) zeigt eine düstere Ausstellung, die vor allem für Kafka-Interessierte dennoch einen Besuch lohnt. Unter anderem werden hier die Erstausgaben der Werke gezeigt.

Filmstadt Prag

Wenn Sie bei Ihrem ersten Besuch in Prag das Gefühl haben, dass Sie die Treppe im Nationalmuseum, die Karlsbrücke oder die Häuserfassaden in der Kleinseite schon einmal irgendwo gesehen haben, liegen Sie wahrscheinlich richtig.

Treppe im Nationalmuseum; Fassaden der Kleinseite

Hauptrolle

Der emigrierte tschechische Regisseur Miloš Forman hauchte den kränkelnden Barrandov-Studios mit der Produktion von *Amadeus* im Jahr 1984 neues Leben ein. Seine sehenswerte Filmbiografie des österreichischen Komponisten Mozart, der sich mehrmals in Prag aufhielt und dort zahlreiche seiner Werke aufführte, wurde unter anderem im Ständetheater gedreht und gab den Ausschlag für zahlreiche weitere internationale Filme, darunter *Mission Impossible*, *Oliver Twist*, *Die Chroniken von Narnia*, *Die Bourne Identität*, *Das Omen* und *Casino Royale*. Prag spielt dabei nicht nur sich selbst, sondern übernimmt regelmäßig auch die Rolle anderer Großstädte.

Zugkraft

Was reizt Filmemacher eigentlich an der tschechischen Hauptstadt? Neben den atemberaubenden Locations geht es natürlich vor allem ums Geld: Günstige Lohn- und Produktionskosten, steuerliche Anreize und andere Vergünstigungen können Einsparungen von bis zu 40 Prozent gegenüber Dreharbeiten in anderen europäischen oder amerikanischen Städten bedeuten. Weitere Pluspunkte sind einige der

Im Kinostreifen *Bangkok Dangerous* tötet ein Auftragskiller, gespielt vom bekannten Schauspieler Nicolas Cage, vor der Astronomischen Uhr sein erstes Opfer

besten Studio-Einrichtungen in Europa, die Professionalität der Produktionsteams und die Tatsache, dass viele Filmstars schlicht und einfach gern in Prag sind.

Weitere Informationen

Besorgen Sie sich das englischsprachige *Lights! Camera! Prague!*, das von der Tschechischen Filmkommission herausgegeben wird und das es als PDF kostenlos zum Download gibt unter www.prague.eu/file/edee/2015/01/lightscameraprague.pdf. Es stellt rund 40 Drehorte der oben erwähnten und weiterer Filme mit Karte vor.

Auch auf den guten Websites www.filmcommission.cz und www.barrandov.cz finden Cineasten nützliche Informationen zum Thema »Film in Prag«.

Der Altstädter Ring ist die Gute Stube Prags. Kutscher warten hier auf Gäste für eine Rundfahrt.

Altstadt

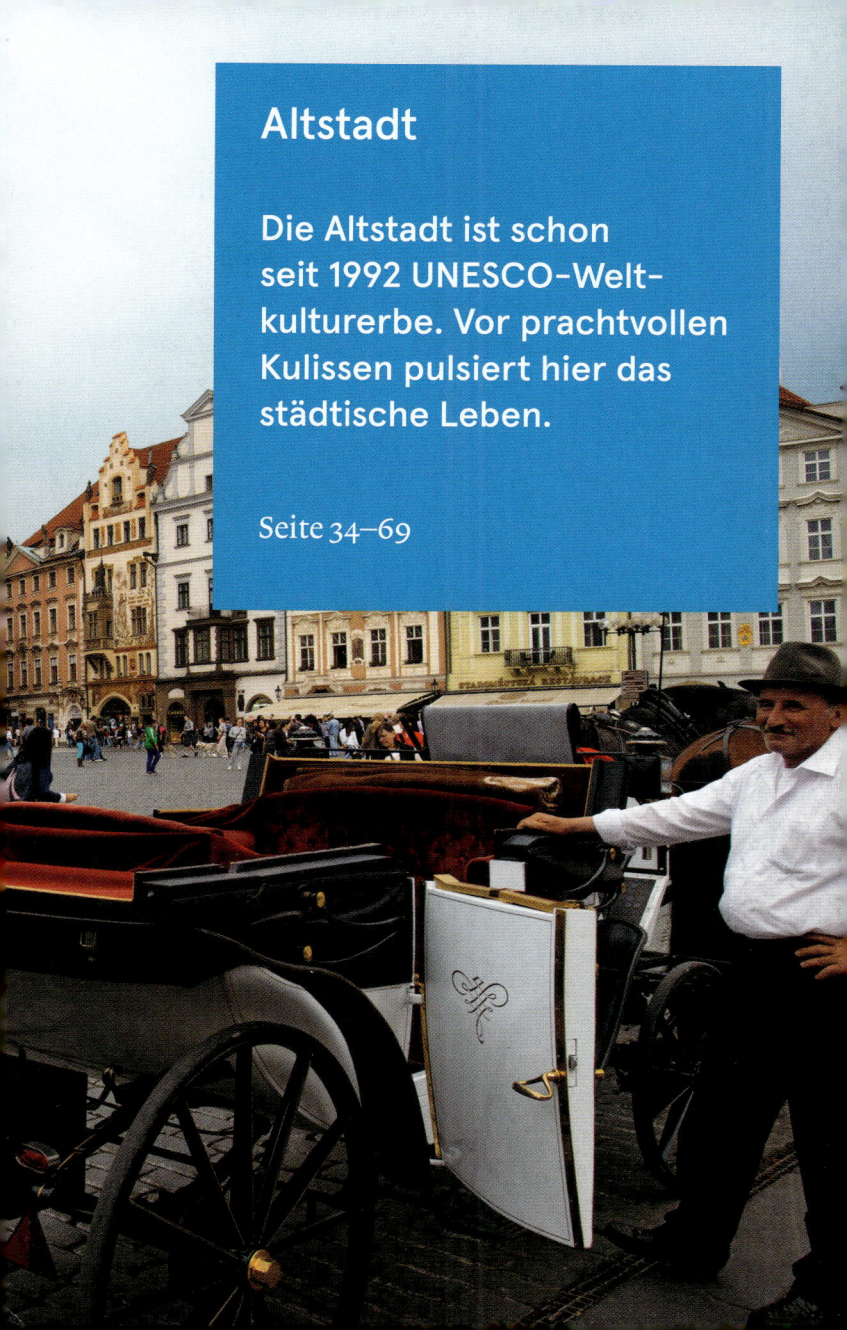

Die Altstadt ist schon seit 1992 UNESCO-Weltkulturerbe. Vor prachtvollen Kulissen pulsiert hier das städtische Leben.

Seite 34–69

Erste Orientierung

Die Altstadt ist das historische Zentrum Prags. In diesem alten Viertel hat man das mittelalterliche Erscheinungsbild der Hauptstadt bewahren können. Hier pocht bis heute das Herz der Stadt, hier treffen sich Einheimische und Gäste.

TOP 10
- ❷ ★★ Karlsbrücke
- ❹ ★★ Altstädter Ring

Nicht verpassen!
- ⓫ Teynkirche & Teynhof
- ⓬ Ständetheater

Nach Lust und Laune!
- ⓭ Muzeum Karlova Mostu
- ⓮ Smetana-Museum
- ⓯ Kreuzherrenplatz
- ⓰ Sex Machines Museum
- ⓱ Bethlehemskapelle
- ⓲ Klementinum
- ⓳ Nikolauskirche
- ⓴ Haus Zum goldenen Ring
- ㉑ Jakobskirche
- ㉒ Zeltnergasse
- ㉓ Karolinum

Die Altstadt schmiegt sich in eine Flussbiegung der Moldau. Sie erstreckt sich von der monumentalen Karlsbrücke über den Altstädter Ring mit dem Altstädter Rathaus und der bekannten Astronomischen Uhr bis zum östlich gelegenen Ende der Celetná. Nördlich der Celetná liegen die Teynkirche mit ihren beiden markanten Türmen und der Teynhof (»Ungelt«). Der Süden der Altstadt ist so verwinkelt, dass die

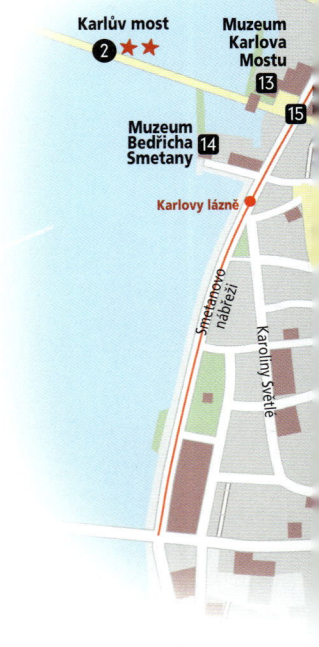

Straßenbahnen diesen Bezirk umfahren müssen.

In der Altstadt trifft man auf jene kunstvolle Verbindung nüchterner gotischer Kirchtürme mit ausladenden, üppig verzierten barocken Palästen, die Prag so unwiderstehlich macht. In den Geschäften der belebten Karlova und Celetná, die zu einem Shoppingbummel einladen, entdeckt man sowohl schauderhaften Kitsch wie auch exquisites böhmisches Kristallglas. Auf der Husova wechseln urige Kneipen mit gehobenen Bistros ab.

Im renovierten Ständetheater kann man Opernaufführungen, auf dem Altstädter Ring frischen Dixieland und im Teynhof auch einmal Ruhe genießen.

Mein Tag
mit Geschichte und Geschichten

»Dies Mütterchen hat Krallen«, schrieb Franz Kafka über seine Heimatstadt, die ihn nie aus ihren Fängen ließ. Und Hollywood-Regisseur Miloš Forman erklärte: »Prag verführt mich. Ultimativ. Hemmungslos.« Heute lassen wir uns treiben und verführen. Geleitet von Geschichte und besonders von Geschichten.

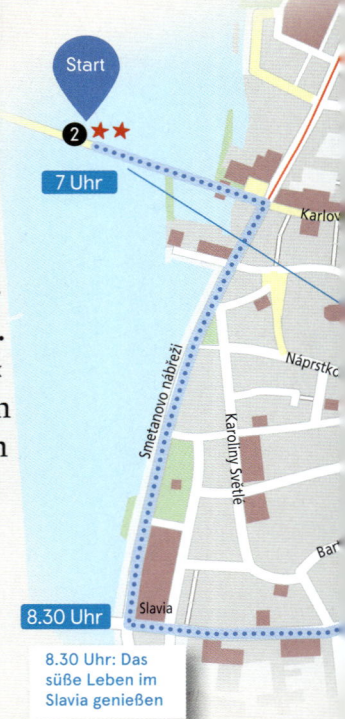

Start
❷ ★★
7 Uhr

8.30 Uhr

8.30 Uhr: Das süße Leben im Slavia genießen

7.00 Uhr – Die Sneakers sind geschnürt ...

... denn Pumps sind auf dem Prager Kopfsteinpflaster keine gute Wahl. Als Tom Cruise in *Mission Impossible* als Geheimagent Ethan Hunt über die ❷★★ Karlsbrücke lief, war sie für die Dreharbeiten natürlich abgesperrt worden. Anders wäre die Szene kaum umsetzbar gewesen,

[Karte mit Rundgang durch Prag mit folgenden Markierungen:]

- 12.30 Uhr: Zeit fürs Mittagessen
- 11 Uhr: Über den Markt schlendern
- 9.30 Uhr: Sightseeing in der Sparkasse
- 7 Uhr: Den Tag mit Musik beginnen – auf der Karlsbrücke

denn unter normalen Umständen schlendern jeden Tag rund 30 000 Menschen über die Brücke. Wer diesen Ort einmal richtig ruhig erleben will, muss unbedingt spät in der Nacht kommen oder früh aufstehen, um 660 Jahre Brückengeschichte in aller Ruhe und ohne den üblichen Massenauflauf untertags genießen zu können.

MEIN TAG

7 Uhr

8.30 Uhr

11 Uhr

Wer in der Altstadt unterwegs ist, bewegt sich auf Kopfsteinpflaster wie hier auf der Karlsbrücke (links oben). Im Slavia hängt das Gemälde eines Absinth-Trinkers, vor dessen trunkenem Auge sich das Trugbild der »grünen Fee« entfaltet (links). Der Havelska-Markt ist ein Einkaufsparadies, hier findet jeder etwas (oben).

8.00 Uhr – Das Frühstück ruft

Entlang der ❺★★ Moldau führt der Weg nun weiter am Smetanovo Nábřeží – hinein ins intellektuelle Herz von Prag zum gemütlichen Frühstück.

8.30 Uhr – Das Leben ist süß ...

... pflegt Václav Krejčík zu sagen, Konditor im berühmtesten Kaffeehaus Prags, dem Slavia (S. 67): Probieren Sie am besten aus dem Pfannkuchenmenü den mit saurer Sahne, heißen Brombeeren und Honig. Und spüren Sie die Aura all jener Intellektuellen, die das Slavia schon seit 1884 geradezu magisch anzieht. Ganz hinten weht vom Wandbild aus der Absinth-Flasche sogar der grüne Geist …

9.30 Uhr – Sightseeing in der Sparkasse

Spazieren Sie die Národní hoch, vorbei an Paukert, wo die Chlebičky erfunden wurden, jene verführerisch garnierten Häppchen, die so typisch sind für Prag. Jan Paukerts Nachkommen erwiesen ihm allerdings keine Ehre: Das einst berühmte Feinkostgeschäft ist mittlerweile nicht mehr zu empfehlen. Über die Gasse Perlová gelangen Sie in der Rytřská in die Stadtsparkasse. Man kann dort Geld abheben, aber man kann auch ein Jugendstiljuwel bewundern: die Schalterhalle. Der Gang durch die engen Prager Kopfsteinpflastergassen ist ja wie ein Gang durch scheinbar frisch renovierte Jahrhunderte und Kulturen, wie ein Blättern in literarischen Werken und Kompositionen oder ein faszinierender Streifzug durch das Lehrbuch der europäischen Baukunst.

11.00 Uhr – Über den Markt schlendern

Ein guter Zeitpunkt, den Massen zu entgehen und zum nahen Havelska-Markt zu schlendern. Er ist der einzige erhaltene Markt in der Altstadt und wird schon seit 1232 besucht. Die Marktstände bieten

13.30 Uhr

Obst und Gemüse, aber auch viele Souvenirs. In Betracht sollte man auch die alten, wunderbaren Geschäfte ziehen, die den Markt säumen! Dort und so hat man auch vor hundert Jahren eingekauft.

12.30 Uhr – Dobrou chut ...

... heißt Guten Appetit auf Tschechisch. In der Dlouha 39 bei Naše Maso, was so viel wie »Unser Fleisch« bedeutet, isst man unter Pragern. Es ist nur ein Stehimbiss, aber alles wird frisch zubereitet, von der Bratwurst bis zum Old Aged Steak. Das Bier zapft man sich selbst dazu. Wer kein Fleisch mag, wählt vis-à-vis aus den vegetarischen Chlebíčky. Von der Dlouha geht's zurück über den ❹★★ Altstädter Ring in die Celetná.

13.30 Uhr – Shopping mit Geschichte ...

... heißt: Jetzt braucht man ein wenig Geduld. Die Celetná ist die Straße mit den schönsten Geschäften und Häusern mit viel Geschichte(n): Die Nr. 2, das Patrizierhaus Zum Sixt, hat tatsächlich mit den Vorfahren des heutigen Autovermieters zu tun. Ganz nahe, auf Nr. 3, wohnte eine Weile Franz Kafka. Nr. 10 hat das größte Schokoladengeschäft des Landes. In Nr. 15 gibt es feinstes Kristall, Glaswaren sowie Schmuck. Und in Nr. 29, heute das Barceló-Hotel, wohnte einst Mozart.

An der Ecke zur Ovocný Trh wartet das Haus zur Schwarzen Muttergottes, das wichtigste kubistische Gebäude Prags mit schöner

ALTSTADT

13.30 Uhr

Bummeln und Einkaufen auf der Celetná (oben). Grand Café Orient: ein köstliches Stück Kuchen in einem der schönsten kubistischen Gebäude Prags genießen (rechts)

Boutique und dem kubistischen Grand Café Orient (S. 67), in dem es guten Kuchen gibt.

17.00 Uhr – Heimfahrt mit der U-Bahn …

… vom Náměstí Republiky zur Station Staromestská, nahe der ❷★★ Karlsbrücke.

19.00 Uhr – Elf leckere Gänge zum Finale

Im Hotel sollte man sich nach einem langen Tag unterwegs ein wenig ausruhen, dann hübsch machen, in die Pumps schlüpfen und die Sneakers für heute ruhen lassen. Vielleicht haben Sie noch Lust, die komplette böhmische Küche in elf entsprechend portionierten Gängen zu genießen? Dann empfiehlt sich das Michelin-Stern-gekrönte La Degustation in der Haštalská 18.

Und für den einen oder anderen Absacker schauen Sie doch noch in der eleganten Bar and Books vorbei (Týnska 19).

❷ ★★ Karlsbrücke
(Karlův most)

Warum?	Das Prager Postkartenmotiv schlechthin.
Wann?	Zwischen 2.00 und 7.00 Uhr ist es ruhig auf der Brücke.
Was tun?	Der hl. Nepomuk ist der Glücksbringer auf der Brücke. Abgegriffen von Abertausenden Fingern glänzt sein Relief wie Gold ...
Wie lange?	Rund eine Stunde.
Was noch?	Den Blick von oben nicht vergessen: am besten vom Altstädter Brückenturm.
Resümee	Mittelalterliches Meisterwerk mit Top-Ausblicken.

Die Brücke und die Statuen auf ihrer Brüstung gehören zu den Wahrzeichen der Stadt. Nicht alle Statuen sind Meisterwerke, doch insgesamt bilden sie ein bezauberndes Ensemble. Tagsüber ist diese Pulsader voller Menschen, die zur Burg schlendern oder von dort zurückkehren.

Die Karlsbrücke endet im Osten vor dem Altstädter Brückenturm

Bis ins 19. Jh. war dies Prags einzige Brücke über die Moldau, mehr als 500 Jahre lang nannten die Prager sie Steinbrücke.

Erst seit 1870 trägt sie den Namen ihres ursprünglichen Erbauers, des römisch-deutschen Kaisers und Königs von Böhmen, Karls IV. Der Krönungszug führte über die Brücke in die Burg, Ritter galoppierten hinüber, Händler trafen sich auf der Brücke, Kriminelle und Ketzer wurden hier gehängt oder geköpft. Die deutschen SS-Truppen paradierten 1939 über die Brücke, kommunistische Milizen während des Staatsstreichs von 1948.

Prags Anfänge

Die erste schriftlich erwähnte Brücke war eine Holzbrücke, die oft durch Überschwemmungen weggespült wurde. Sie ging auf das 10. Jh. zurück, als man die sterblichen Überreste von Böhmens Schutzheiligem Wenzel darüber trug, um sie in der Prager Burg beizusetzen. König Vladislav I. ließ 1170 eine Steinbrücke errichten und benannte sie nach seiner Frau Judith. Doch auch diese Brücke zerstörte die Moldau.

Romantik pur: Hochzeitsfoto bei Sonnenuntergang auf der Karlsbrücke mit dem Hradschin als Hintergrund

Karl IV., 1355 zum Kaiser gekrönt, fand die Brücke als Ruine vor. Er beauftragte seinen Hofbaumeister Peter Parler, eine neue Brücke zu entwerfen, während dieser gleichzeitig am Veitsdom (S. 86) arbeitete. Nach dem Entwurf der ausgefeilten Gewölbebögen für das Kirchenschiff und den Chor hatte der Baumeister wenig Schwierigkeiten mit den 16 Bögen der Brücke. Diese neue, 516 m lange und 10 m breite Brücke wurde direkt südlich ihrer Vorgängerin errichtet. Vorbild war übrigens die Steinerne Brücke aus dem nahen Regensburg.

Der Altstädter Brückenturm

Mit seinem steil aufragenden Dach, den goldenen Weltkugeln, den Ecktürmen und der Wehrgalerie besitzt dieser herrliche Brückenturm eine gleichermaßen beeindruckende wie elegante Silhouette. Ursprünglich war der Turm mit einem Fallgitter versehen, um feindliche Attacken auf die Prager Burg oder die Stadt zu verhindern. Bemerkenswert ist,

Magischer Moment

Geheimnisvolle Stille

Stille, die nur vom Plätschern der Moldau eingerahmt wird, und eine geheimnisvolle Stimmung herrschen nachts auf der Karlsbrücke. Mahnend stehen die schwarz-dunklen Skulpturen vor den Kuppeln und Türmen der Stadt. Es soll spuken auf der Brücke, wo schon Gerichtsverhandlungen und Hinrichtungen stattgefunden haben. Hier wurde Johannes von Nepomuk, der bei König Wenzel IV. in Ungnade gefallen war, in einen Sack gesteckt und ins Wasser gestoßen. Um 3 oder 4 Uhr ist man ganz allein mit den Statuen; die Brücke rüstet sich für den Ansturm des kommenden Tages.

dass der Brückenturm 1648 dem Artilleriebeschuss der Schweden widerstand, als sie in der Schlussphase des Dreißigjährigen Krieges zum letzten Angriff auf die Stadt bliesen. An der östlichen Fassade über dem gotischen Bogen wird die Statue des hl. Veit von den Figuren Karls IV. links und seines Sohnes, Wenzels IV., rechts eingerahmt. Darunter ist eine Reihe von zehn böhmischen Wappen angeordnet.

Die Kunstschmiedearbeit ist eine Erinnerung an den Brückentod des hl. Nepomuk. An der Figur zu reiben, soll Glück bringen

Statuen wachen über die Brücke

Die Brücke war einst nur mit einem Kruzifix aus Holz versehen. Dies änderte sich, als Jesuiten mit der Serie von Heiligenskulpturen begannen, die jetzt die Brüstung zieren. Als Erste wurde 1683 die Statue des hl. Johannes Nepomuk (Jan Nepomucký) errichtet.

Bis 1714 schufen tschechische Barockbildhauer rund 25 Statuen für das Bauwerk. Inspirieren ließen sie sich von Berninis Statuen auf der römischen Engelsbrücke. Respektable Kopien und sechs neue Statuen wurden im 19. und 20. Jh. hinzugefügt. Die wichtigsten Brückenskulpturen und eine Liste aller Statuen und Skulpturen sind auf Seite 48 aufgeführt. Einige der barocken Originale sind im Verlies der Burg Vyšehrad zu sehen (S. 166).

KLEINE PAUSE

Ganz in der Nähe kann man im **Café Rincon** bei Kaffee und Kuchen, Salat oder Sandwiches den tollen Blick auf die Karlsbrücke und die Burg genießen.

Na Zabradlí 1, Staré Město; tägl. 12–2 Uhr; Tel. 2 22 22 21 73

✚ 223 E3 ✉ Staré Město, Praha 1
❶ Altstädter Brückenturm April–Sept. tägl. 10–22, März/Okt. bis 20, Nov.– Feb. bis 18 Uhr 🚇 2, 17, 18 🚊 Staroměstská ✦ Altstädter Brückenturm 90 Kč

KARLSBRÜCKE

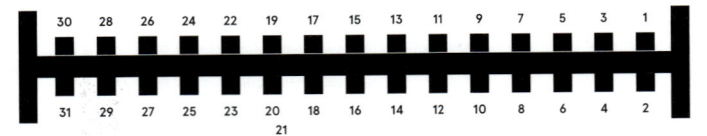

```
30  28  26  24  22  19  17  15  13  11   9   7   5   3   1

31  29  27  25  23  20  18  16  14  12  10   8   6   4   2
                    21
```

Kleinseitner Brückenturm   Altstädter Brückenturm

Die Statuen und Skulpturen
1. Maria und der hl. Bernhard
2. Hl. Ivo
3. Maria mit hll. Dominicus und Thomas von Aquin
4. Hll. Barbara, Margarete und Elisabeth
5. Bronzekruzifix
6. Pietà
7. Anna selbdritt (hl. Anna mit Maria und Jesuskind)
8. Hl. Josef
9. Hll. Kyrill und Method
10. Hl. Franz Xaver
11. Hl. Johannes der Täufer
12. Hl. Cristophorus
13. Hll. Wenzel, Norbert und Sigismund
14. Hl. Franziskus von Borgia
15. Hl. Johannes von Nepomuk
16. Hll. Ludmila und Wenzel
17. Hl. Antonius von Padua
18. Hl. Franziskus
19. Hl. Judas Thaddäus
20. Hll. Vincenz Ferrer und Prokop
21. Rolandstatue
22. Hl. Augustinus
23. Hl. Nikolaus von Tolentino
24. Hl. Kajetan
25. Hl. Luitgard
26. Hl. Philippus Benitius
27. Hl. Adalbert
28. Hl. Veit
29. Hll. Johannes von Matha und Felix von Valois sowie der selige Iwan
30. Jesus und die hll. Kosmas und Damian
31. Hl. Wenzel

Die Top Ten der Brückenskulpturen
(Nummern siehe Plan oben):

■ Der hl. Ivo (2) von Matthias Bernard Braun zeigt den Schutzheiligen der Juristen mit Justitia, der die Augen verbunden sind.

■ Die Gruppe der hll. Barbara (4), Beschützerin der Bergwerke, Margarete und Elisabeth ist ein Werk der Brokoff-Familie.

■ Der Jesuitenmissionar Franz Xaver (10) wird mit bekehrten Chinesen, Indern und Arabern dargestellt. Meisterwerk von Ferdinand Maximilian Brokoff.

■ Die berühmteste Skulptur ist die Bronzeskulptur des Johannes von Nepomuk (15), ebenfalls von Brokoff, in der Brückenmitte, wo man den Leichnam des Erzbischofs in den Fluss geworfen hatte.

■ Die hl. Ludmila (16) war die Großmutter des hl. Wenzel und Böhmens erste Märtyrerin.

■ Die Figur des hl. Judas Thaddäus (19) stammt von Johann Mayer und zeigt das Martyrium des Apostels.

■ Die Augustiner beauftragten Jan Bedřich Kohl, den hl. Augustinus (22) als Skulptur zu errichten.

■ St. Nikolaus von Tolentino (23) verteilt Brot an die Armen.

■ Die Quintessenz der barocken Statuen ist die Zisterziensernonne von Matthias Braun, die hl. Luitgard (25), die Jesu Wunden küsst.

■ Die hll. Kosmas und Damian (30), die Schutzheiligen der Ärzte, wurden von Johann Mayer gefertigt.

❹ ★★ Altstädter Ring
(Staroměstské náměstí)

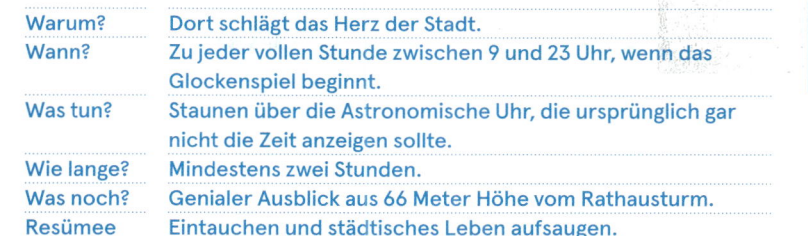

Warum?	Dort schlägt das Herz der Stadt.
Wann?	Zu jeder vollen Stunde zwischen 9 und 23 Uhr, wenn das Glockenspiel beginnt.
Was tun?	Staunen über die Astronomische Uhr, die ursprünglich gar nicht die Zeit anzeigen sollte.
Wie lange?	Mindestens zwei Stunden.
Was noch?	Genialer Ausblick aus 66 Meter Höhe vom Rathausturm.
Resümee	Eintauchen und städtisches Leben aufsaugen.

Dieser lebendige Platz ist nicht nur das Zentrum der Altstadt (Staré Město), sondern der gesamten Stadt. Schon frühzeitig wirkte er wie ein Magnet auf alle Schichten der Bevölkerung. Ein Rathaus, Kaufmannshäuser, Fürstenpaläste und zwei majestätische Kirchen blicken auf das wuchtige moderne Monument des Nationalhelden Jan Hus.

Die Geschichte des Altstädter Rings begann im 11. Jh. Damals diente er als städtischer Marktplatz für die örtlichen Bauern und für Händler aus ganz Europa. Man nannte ihn einfach

Der Altstädter Ring ist das Zentrum der Stadt – hier: Blick am Alten Rathaus mit der Astronomischen Uhr vorbei auf die Teynkirche

ALTSTÄDTER RING

Den Abend am Altstädter Ring ausklingen lassen

den Großen Platz (Velké náměstí). Seinen jetzigen Namen erhielt er erst 1895. Überreste der romanischen Ära sind noch in den Kellern der heute größtenteils barocken Gebäude erhalten.

Als Zentrum des Handels bot sich der Platz selbstverständlich auch als Ort für das Rathaus an, wofür man zunächst benachbarte Häuser miteinander verband.

Bald hatte der Platz sich zur ersten Adresse der Stadt entwickelt. Die reichsten Bürger – Import- und Exporthändler, Bankiers und Vertreter der Silberminen von Kuttenberg

(S. 181) – errichteten stattliche Häuser, die königliche Familie und Adlige erbauten Paläste.

Die Leute versammelten sich aber nicht nur, um auf den Markt zu gehen. Man bewarf Straftäter, die am Pranger des Rathauses angekettet waren, mit faulen Eiern, bejubelte die Sieger von Turnieren, Könige bei ihrer Krönung und Henker, wenn sie die Feinde der Krone enthaupteten.

Ab dem Altstädter Ring kann man auch ohne Reservierung einstündige Oldtimerfahrten durch Prag unternehmen (www.pragtourist.cz/products/oldtimerfahrt-prag/).

Das Altstädter Rathaus

Das größtenteils gotische Gebäude auf der Westseite des Platzes entstand aus mehreren Häusern, die im Lauf der Jahrhunderte eingegliedert wurden. Das erste Haus wurde 1296 für den Stadtschreiber erworben. Der 66 m hohe Rathausturm wurde 1364 errichtet. Seit 1381 befindet sich darin auch die Turmkapelle mit dem markanten Erkerfenster.

Vom nördlichen neogotischen Flügel sind nach dem Beschuss durch die Deutschen 1945 nur Reste erhalten. Der Haupteingang befindet sich auf der Südseite an einem Tor aus dem 15. Jh. Bei einer 45-minütigen Führung sehen Sie die Kapelle und die Ratskammer, in der die böhmischen Könige vor der Ankunft der Habsburger gewählt wurden. Die herrliche Aussicht lohnt den Aufstieg zur Turmspitze, die Sie inzwischen auch bequem per Lift erreichen. Das Touristenbüro befindet sich auf der Rückseite (S. 206).

Wunderwerk der Gotik

Die Hauptattraktion des Rathauses ist die Astronomische Uhr auf der Südseite des Rathausturms. Zu jeder vollen Stunde zwischen 9 und 23 Uhr versammeln sich die Massen, um das Glockenspiel mit den bunten Figuren zu bewundern. Die Uhr wurde 1410 eingebaut. Sie sollte zunächst gar nicht unbedingt die genaue Tageszeit angeben – der eigentliche Zweck war die Darstellung des Laufs von Sonne und Mond sowie der Tierkreiszeichen. Mit dem letzten Stundenschlag beginnt in den oberen Fenstern eine Prozession der zwölf Apostel. Es sind Kopien der hölzernen Originale aus dem 18. Jh., die 1945 zerstört wurden.

Das monumentale Denkmal für Jan Hus, den ersten tschechischen Nationalhelden, bildet den Mittelpunkt des Altstädter Rings

An der rechten Seite der 24-Stunden-Uhr schlägt das Skelett des Todes seine Glocke und zeigt mit einem Stundenglas an, dass die Zeit gekommen ist für seinen türkischen Nachbarn, der die Wolllust verkörpert, und für die Allegorien der Eitelkeit und der Habsucht links des Ziffernblatts. Diese schütteln nur ungläubig ihren Kopf. Sobald die Fenster geschlossen sind, beendet ein Hahnenschrei das Spektakel. Die zwölf beweglichen Kalenderziffernblätter unterhalb der Uhr wurden von Josef Mánes bemalt.

Jan Hus, tschechischer Märtyrer

Das markante Denkmal vor der Teynkirche wird zu Recht mehr als patriotisches Symbol denn als künstlerisches Meisterwerk verehrt. Es verewigt Jan Hus, den Helden der tschechischen Reformation (1370–1415). Der Bildhauer Ladislav Šaloun schuf das Denkmal 1915 zum 500. Jahrestag der Verbrennung von Hus als Ketzer.

Als Gegner der kirchlichen Korruption steht Hus zwischen seinen militanten Gefolgsleuten. Die gedemütigten Protestanten mussten später das Land verlassen. Eine Mutter mit Kind symbolisiert die nationale Erneuerung. Die Nationalsozialisten verschandelten das Denkmal mit Hakenkreuzen. 1968, bei der Invasion sowjetischer Truppen, verhüllten es Prager Studenten mit schwarzem Stoff. Am Sockel des Denkmals ist das berühmte Wort von Hus angebracht: Pravda vítězí (»Die Wahrheit siegt«).

Prachtvolle Architektur

Die umliegenden Häuser, ob Palais oder Kaufmannshaus, sind herausragende Beispiele der städtischen Baukunst. Viele besitzen Arkadengänge mit Rippengewölben, was sich an regnerischen Tagen als Glück erweist. Auf der Westseite des Altstädter Rings steht in rechtem Winkel zum Rathaus das Haus Zur Minute (Dům u Minuty). Es ist berühmt für seine herrlich bemalte Renaissancefassade mit Rittern, Prinzen und allegorischen Figuren. Auf der Südseite befindet sich in Nr. 20 das Haus Zum goldenen Einhorn (Dům u Zlatého jednorožce), das einst Smetanas Musikschule beherbergte. Die Fassade stammt aus dem 18. Jh., während das Gewölbe gotisch und der Keller romanisch ist.

Das großartige Palais Goltz-Kinsky (Palác Goltz-Kinských) im Stil des Rokoko steht am Ostrand des Platzes. Es wurde von Kilian Ignaz Dientzenhofer erbaut, der auch die am Platz liegende Nikolauskirche (S. 60) entwarf. Im 19. Jh. waren hier das Deutsche Gymnasium und das Kurzwarengeschäft von Franz Kafkas Vater untergebracht. Heute ist das Palais Sitz der Nationalgalerie Prag. Sie zeigt alte bis zeitgenössische böhmische Kunst.

Rechts vom Palais findet sich leicht zurückgesetzt ein stilistisches Gegenstück, das quadratische gotische Haus Zur steinernen Glocke (Dům u Kamenného zvonu). Die barocke Fassade wurde 1970 entfernt – zum Vorschein kam der schöne honigfarbene Kalkstein aus dem 14. Jh.

KLEINE PAUSE

Auf dem Platz gibt es zahlreiche Terrassencafés und -restaurants. Für ein leichtes Mittagessen folgen Sie der Dlouhá-Straße, die vom Platz wegführt, und gehen noch weitere 100 m: In der **Home Kitchen** gibt es leckere Suppen, Salate, Snacks, Desserts und den ganzen Tag Frühstück in lockerer Atmosphäre.

Kozí 5 Staré Město; Mo–Fr 7.30–22, Sa/So 8–22 Uhr; Tel. 774 90 58 02

✣ 224 B3 ☎ Information im Altstädter Rathaus 2 24 81 07 58; Haus Zur steinernen Glocke 2 24 82 82 45 ◐ Altstädter Rathaus: Mo 11–18, Di–So 9–18, Turm: Mo 11–22, Di–So 9–22; Palais Goltz-Kinsky: Di–So 10–18; Haus Zur steinernen Glocke: Di–So 10–18 Uhr 🚇 2, 17, 18; 🚊 Staroměstská 💰 Altstädter Rathaus 100 Kč; Altstädter Rathausturm 130 Kč; Palais Goltz-Kinsky 300 Kč; Haus Zur steinernen Glocke 120 Kč

⓫ Teynkirche und Teynhof
(Kostel Panny Marie Před Týnem)

Warum?	In der Stadt der Türme sind ihre die markantesten.
Wann?	Am besten gleich nach dem Aufsperren um 10 Uhr.
Was tun?	Nachdenken über die Inschrift »Mehr sein als scheinen« auf der Grabplatte des Tycho Brahe.
Wie lange?	Etwa eine knappe Stunde.
Was noch?	Ein Besuch im Dachgartenrestaurant und im Teynhof mit seinen Galerien und Cafés nicht vergessen.
Resümee	»Mehr sein als scheinen« gilt heute mehr denn je.

Die Teynkirche gehört zu den markantesten Wahrzeichen der Altstadt und spielte in der Geschichte der Reformbewegung des Jan Hus eine herausragende Rolle.

Die Schätze

Wenn man die Silhouette der Kirche vom Altstädter Ring aus bewundert hat, sollte man in die Týnská ulička zwischen der Teynschule und dem Haus Zur steinernen Glocke einbiegen, wo es zur Kirche geht. Deren Name lautet Kirche der Jungfrau Maria vor dem Zaun (Chrám Matky Boží před Týnem). Das Nordportal besitzt einen Giebel von Peter Parler mit einer Darstellung der Passion Christi (1390). Das gotische Gewölbe der Seitenschiffe hat das Feuer von 1689 überlebt. Bemerkenswert sind die Steinkanzel und der Hauptaltar mit der Himmelfahrt Mariens (1649) von Karel Škréta. Rechts von den Presbyteriumsstu-

Die Türme der Teynkirche

fen befindet sich die Grabplatte des Tycho Brahe (1546–1601), einst Hofastronom Rudolfs II. (S. 15)

Kaufmannstreff am Teynhof

Auf dem Hof hinter der Kirche trafen sich zwischen dem 12. und dem 18. Jh. die deutschen Kaufleute, um eine Unterkunft zu finden, zu handeln und den Zoll zu entrichten. Auf Mittelhochdeutsch wurde Letzterer als »Ungelt« bezeichnet, daher der Name. Der Bezirk wurde geschmackvoll restauriert, Lager- und Zollhäuser beherbergen heute Läden, Kunstgalerien, Ateliers, Cafés, Restaurants und ein Hotel. Das im Stil der Renaissance gestaltete Palais Granovský (1560) wurde auf Resten romanischer Häuser errichtet.

Streit der Konfessionen

Die Kirche erlebte während der religiösen Konflikte in Prag blutige Szenen. Deutsche Kaufleute bauten hier im 12. Jh. eine Kapelle. 1365 begannen sie mit dem Bau einer größeren Kirche. Die Arbeiten wurden während des Aufstands nach dem Tod von Jan Hus (S. 52) eingestellt. Viele deutsche Kaufleute verließen die Stadt, die Nachfahren der Aufständischen vollendeten die Kirche als Gegenstück zum Veitsdom (S. 86). Der Fürsprecher der Hussiten, König Georg von Podiebrad, ging 1458 nach seiner Krönung demonstrativ zu einer Messe in die Teynkirche. Die Statue des letzten böhmischen Königs, der auch in Böhmen geboren wurde, wurde im Giebel aufgestellt, der zum Altstädter Ring blickt. Nach dem katholischen Sieg am Weißen Berg entfernten jesuitische Studenten 1623 die Statue und den Abendmahlskelch. Später stand an ihrer Stelle ein Bildnis der Jungfrau Maria.

KLEINE PAUSE

Im **Naše Maso** (S. 65) nimmt man seinen Mittagsimbiss unter Pragern ein. Alles wird frisch zubereitet, von der Bratwurst bis zum Old Aged Steak. Das Bier zapft man sich selbst. Liegt direkt ums Eck in der Dlouha 39.

✝ 224 B3 ✉ Kirche: Altstädter Ring; Teynhof (Ungelt): Týnský dvůr ⏰ Di–Sa 10–13, 15–17, So 10–12 Uhr Ⓜ Staroměstská 💰 Spende: 25 Kč, obligatorisch

❿ Ständetheater
(Stavovské divadlo)

Warum?	In diesem Theater feierte Mozart einige seiner größten Operntriumphe.
Wann?	Eine Aufführung besuchen, auch wenn das Niveau nicht mehr allerhöchsten Ansprüchen genügt.
Wieviel?	Das Theater hat 664 Sitzplätze.
Wie lange?	Eine Führung dauert eine Stunde.
Resümee	Mozart im Ohr, Klassizismus vor Augen.

Das Ständetheater ist seit langer Zeit – und nicht nur wegen Mozart – eines der wichtigsten Theater der Stadt. Seit der Renovierung erstrahlt es wieder im klassizistischen Glanz.

Die hoch aufragende Fassade verleiht dem westlichen Ende des Ovocný trh (Früchtemarkt) ein passendes Theaterflair. Der Portikus mit zwei korinthischen Säulenpaaren ragt durch zwei geschwungene Flügel sanft in den Platz hinein. Die Säulen werden gekrönt von der Inschrift *Patriae et Musis* (Dem Vaterland und den Musen). Das elegante Innere verfügt über fünf U-förmige Ränge mit Logen.

Das Ständetheater ist Prags ältester Theaterbau

Im Ständetheater dirigierte Mozart mehrmals seine großen italienischen Opern

Wo ist meine Heimat?
Das Theater war für die Identität der Tschechen schon immer besonders wichtig. Doch außer Mozarts italienischen Opern sowie einigen tschechischen Stücken war das Repertoire deutsch – und blieb es auch bis 1920. Damals vertrieben tschechische Nationalisten die deutsche Leitung mit dem Schlachtruf »Das Ständetheater für die Nation!«. Nach dem Zweiten Weltkrieg bekräftigten die Kommunisten die Identität des Hauses, indem man es nach Josef Kajetán Tyl benannte, dem Komponisten der Nationalhymne. Heute ist das Ständetheater kosmopolitisch.

KLEINE PAUSE
Unweit des Theaters lohnt ein Abstecher in die **Česká Spořitelna** in der Rytířská 29: Sie ist nicht nur Bankfiliale, sondern auch ein echtes Jugendstiljuwel mit kleinem Café. Für eine kleine Mahlzeit vor oder nach der Aufführung empfiehlt sich das **Kogo**.

Havelská 27,
Staré Město
tägl. 11–23 Uhr
Tel. 2 21 45 12 58

---

224 B2 Ovocný trh 1
2 24 90 14 48 www.narodni-divadlo.cz/en/estates-theatre Führungen am Wochenende und nach

Vorbestellung unter 2 21 71 41 61 oder vlastiveda@prague.eu; Aufführungen 19 oder 19.30, Kasse tägl. 10–18 Uhr Můstek

Nach Lust und Laune!

13 Muzeum Karlova Mostu
Neben der Tür zur Kreuzherrenkirche am gleichnamigen Platz liegt der Eingang zu einem ehemaligen mittelalterlichen Krankenhaus, das heute eine kommerzielle Kunstgalerie und eine Ausstellung zur Judithbrücke beherbergt. Letztere war die Nachfolgerin der um 1170 erbauten mittelalterlichen Karlsbrücke und fiel im Jahr 1342 einer Flut zum Opfer. Im Erdgeschoss können Sie neben den Gemälden ein Modell der Brücke, eine in grellen Farben gestaltete künstliche Grotte mit barocken Stalaktiten (Teil der ursprünglichen Dekoration) und religiöse Objekte aus der Schatzkammer bewundern, von denen einige bis ins 16. Jh. zurückreichen. Im Untergeschoss kann man einen erhaltenen Bogen der Judithbrücke und die originale Wassertreppe bewundern. Im Eintrittspreis sind ein Kaffee und ein Glas des »Elixirs des hl. Johannes Nepomuk« enthalten, das von einer freundlichen jungen Frau in einem farbenfrohen mittelalterlichen Kleid serviert wird. Die Galerie ist nur wenige Schritte vom Pier entfernt, an dem die Schiffe zu den Flussrundfahrten ablegen.

Bedřich Smetana sitzt mit dem Rücken zur Moldau, dem Thema seiner bekanntesten Komposition

14 Smetana-Museum (Muzeum Bedřicha Smetany)
Das am Fluss gelegene Museum ist dem patriotischsten aller tschechischen Komponisten gewidmet (S. 26), Bedřich Smetana (1824 bis 1884). In dem üppig verzierten Haus im Neorenaissancestil gibt es eine kleine Sammlung mit Andenken an den Komponisten. Seine Brille, seine Möbel, eine Halskette für seine Frau sowie seine Partituren gewähren nur einen kleinen Einblick in das Leben dieses großen Mannes. Interessanter und reizvoller sind die Kammermusikabende.

✞ 223 F3 ✉ Křižovnické náměstí 3 ☎ 7 34 70 98 65 🕓 Mai–Sept. tägl. 10–19, Okt–April 10–18 Uhr
🚋 2 17, 18 Ⓜ Staroměstská 🎫 170 Kč

✞ 223 E2 Novotného lávka 1 ☎ 2 22 22 00 82 🌐 www.nm.cz
🕓 Mi–Mo 10–17 Uhr 🚋 2, 17, 18
Ⓜ Staroměstská 🎫 50 Kč

ALTSTADT

15 Kreuzherrenplatz (Křižovnické náměstí)

Der Kreuzherrenplatz ist quasi der Vorhof zur Karlsbrücke, die dort im 19. Jh. aufgestellte Statue Karls IV. ein beliebter Treffpunkt.

An der Nordseite des Platzes liegt die barocke Kreuzherrenkirche (Kostel sv. František Serafinského) des tschechischen Kreuzherrenordens, der einst die Torwächter der Brücke stellte. Ihre imposante Kuppel ist eine Imitation des Petersdoms in Rom. Im Inneren beeindrucken die feinen violetten Marmorsäulen sowie die Kuppel mit dem Deckenfresko *Das Jüngste Gericht* von Lorenz Reiner.

Teil des Klementinums an der Karlova ist die Jesuitenkirche St. Salvator (Kostel sv. Salvátora) mit ihrer italienischen Renaissancefassade und dem barocken Inneren.

✢ 223 F2 ✉ Staroměstská 🚋 2, 17, 18

16 Sex Machines Museum

Die Ausstellung ist nicht so billig, wie sie sich anhört. Auf drei Etagen sind mehr als 200 Exponate, eine Kunstgalerie, ein Kino mit alten erotischen Filmen und erotische Bekleidung zu sehen. Das Sex Machines Museum zeigt außerdem mechanische Erotik-Apparate, die ungewöhnliche Stellungen beim Beischlaf ermöglichen sollen. Einer der alten Pornofilme, gedreht um 1925, war eine Bestellung des spanischen Königs Alfons XIII.

✢ 224 B2 ✉ Melantrichova 18 ☎ 2 27 18 62 60 ● tägl. 10–23 Uhr, nur für Erwachsene 🚋 Staroměstská 💰 250 Kč

17 Bethlehemskapelle (Betlémská kaple)

Die Bethlehemskapelle ist die Rekonstruktion eines Nationaldenkmals der tschechischen Geschichte. In der ursprünglichen Kapelle, die 1391–1394 erbaut wurde, predigte Jan Hus Anfang des 15. Jhs. (S. 23). Nach ihrer vollständigen Zerstörung im 18. Jh. wurde die Kapelle mit dem markanten zweigiebeligen Holzdach im Jahr 1950 wieder aufgebaut, um nach dem Zweiten Weltkrieg das tschechische Nationalgefühl zu stärken. Jedes Detail des Gebäudes wurde haargenau nach alten Vorlagen kopiert. Im Inneren widmet sich eine Ausstellung der Geschichte der bedeutenden Kapelle.

✢ 223 F2 ✉ Betlémská náměstí 4 ● tägl. April–Okt. 10–18.30, Nov.–März 10–17.30 Uhr 🚋 2, 9, 18, 22 🚇 Národní třída 💰 60 Kč

18 Klementinum

Mehr als 30 Häuser, drei Kirchen, zehn Innenhöfe und mehrere Gärten wurden abgerissen, um für den Komplex des ehemaligen Jesuitenkollegs Platz zu schaffen. Das Klementinum erstreckt sich im Osten der Kreuzherrengasse (Křižovnická) entlang der Karlsgasse (Karlova) bis zum Mari-

NACH LUST UND LAUNE!

Ein Globus in der Bibliothek des Klementinums

✝ 223 F3 ✉ Karlova 1 (Eingang neben St. Clemens) ☎ Reservierungen: 606 10 02 93 ⊕ www.klementinum.com ❶ nur im Rahmen geführter Touren durch Bibliothekssaal, Spiegelkapelle und Astronomischen Turm: tägl. Jan.–Feb. 10–16.30, März–Okt. 10–18, Nov.–Dez. 10–17.30 Uhr; die Führung dauert ca. 50 Minuten und beginnt zu jeder vollen Stunde (in der Hauptsaison halbstündlich) ✦ 220 Kč, Konzerte tägl. April–Okt. 18, Nov.–März 17 Uhr 🚇 Staroměstská

enplatz (Mariánské náměstí) und wird in Prag an Grundfläche nur von der Prager Burg übertroffen. Bemerkenswert ist die Kombination verschiedener Stile von der Renaissance über den Barock bis zum Neoklassizismus.

Gegründet wurde das Klementinum 1556 als Bastion gegen die gefürchteten hussitischen Ketzer. Heute beherbergt das Gebäude die Nationalbibliothek. Bei Kammermusikabenden ist die Spiegelkapelle (Zrcadlová kaple) aus dem 18. Jh. zugänglich, zudem gibt es Führungen durch den herrlichen barocken Bibliothekssaal von 1727. Der Astronomische Turm im Zentrum des Komplexes dient bereits seit 1775 meteorologischen Forschungen.

19 Nikolauskirche (Chrám Svatého Mikuláše)

Deutsche Kaufleute errichteten die erste Nikolauskirche auf dem Altstädter Ring im 12. Jh. Die Kirche wurde bis zum Bau des Altstädter Rathauses auch als kommunales Zentrum benutzt. Im Jahr 1620 übernahmen die Benediktiner die Kirche und ersetzten sie im Lauf der Zeit durch das heutige Gebäude. Das Kloster wurde 1787 geschlossen; die Kirche wurde bis 1920 als ein Lagerhaus genutzt. Sie dient heute hauptsächlich als Veranstaltungsort für geistliche Konzerte.

Die Kirche wurde 1735 nach Plänen von Kilian Ignaz Dientzenhofer errichtet, dessen Vater die Kleinseitner Niklaskirche entworfen hatte (S. 100). Weil sie bis Ende des 19. Jhs. von drei Seiten durch die Häuser in der Nachbarschaft stark eingeengt war, richtete der Architekt die Hauptfassade mit den beiden Zwillingstürmen stärker nach Süden

In der Nikolauskirche finden Konzerte statt

aus, anstatt, wie im Kirchenbau üblich, gen Westen.

Den hohen Innenraum zieren u. a. Fresken des bayerischen Künstlers Cosmas Damian Asam d. Ä. Auf dem Kuppelbogen sind die hll. Nikolaus und Benedikt zu entdecken. Das Altargemälde mit der Jungfrau Maria stammt aus dem 20. Jh.

Gleich ums Eck von St. Niklas befindet sich am Náměstí Franze Kafky Nr. 5 Kafkas Geburtshaus, erbaut ebenfalls von Kilian Ignaz Dientzenhofer.

✝ 224 B3 ✉ Staroměstské náměstí ☎ 6 02 95 89 27; ⊕ www.svmikulas.cz ❶ Mo-Sa 10–16, So 12–16 Uhr 🚇 Staroměstská

20 Haus Zum goldenen Ring (Dům u Zlatého prstenu)

Das Prager Stadtmuseum ist auch unter seinem alten Namen Dům u Zlatého prstenu bekannt. Dieser bezieht sich auf den goldenen Ring, der das Haus einst zierte. Das Museum unterhält in der ganzen Stadt Ausstellungsräumlichkeiten. In diesem schönen Herrenhaus aus dem 13. Jh. zeigt es eine Sammlung tschechischer Kunst des 20. Jhs., darunter Werke von Symbolisten (Bílek und Švabinsky), Kubisten (Filla und Kubišta), Realisten (Čapek und Zrzavý), Surrealisten (Teige und Štyrský) und Konzeptkünstlern. Ausstellungen zeitgenössischer Avantgarde sind in den gotischen Kellergewölben zu betrachten.

✝ 224 B3 ✉ Ungelt, Týnská 6 ☎ 6 01 10 29 61 ⊕ www.muzeumprahy.cz/dum-u-zlateho-prstenu/ ❶ tägl. 9–20 Uhr 🚌 6, 8, 15, 26 🚇 Náměstí Republiky 💰 120 Kč

21 Jakobskirche (Kostel Svatého Jakuba)

Diese ebenso prächtige wie elegante Kirche aus dem 14. Jh. liegt etwas versteckt östlich des Teynhofs. Selbst die Umgestaltung im ausladend barocken Stil nach einem Feuer 1689 hat den ursprünglich gotischen Charakter der Kirche nicht beseitigen können. Das gedämpfte Licht, das hohe und schmale Schiff und der ausgedehnte Chor stehen in einem feinen Kontrast zu den kunstvoll ausgeführten Skulpturen und den überschwänglichen Altarbildern. Wegen der guten Akustik finden hier Konzerte statt. Reiners beeindruckendes Martyrium des hl. Jakob schmückt den Hauptaltar. Das eigentliche Meisterwerk der Kirche ist im nördlichen Seitenschiff das

Magischer Moment

Quietschgrün und sehr stark

1901 malte Viktor Oliva den »Absinthtrinker« … Da steigt der Geist verschwommen aus der Flasche und der Gast weiß gar nicht, wie ihm geschieht. Wer Absinth einmal selbst verkosten möchte, sei gewarnt! Mögliche Folgen: totale Langeweile, ein brutaler Absturz oder sogar ein schöner Moment, wie ihn der Maler festhielt. Zu sehen ist das Bild im Slavia (S. 67), direkt gegenüber vom Nationaltheater. Dort gibt es auch den unglaublich starken Absinth. Also Prost …

Grabmal von Graf Mitrovice (1714), entworfen vom österreichischen Barockarchitekten Johann Bernhard Fischer von Erlach und ausgeführt vom Prager Bildhauer Ferdinand Maximilian Brokoff.

224 C3 Malá Štupartská 6 2 24 82 88 14 6, 8, 15, 26 Náměstí Republiky

22 Zeltnergasse (Celetná)

Diese elegante Einkaufsstraße in der Altstadt war bereits im Mittelalter eine Hauptverkehrsader, die den Altstädter Ring (S. 49) mit Osteuropa verband. Hier begann einst der Königsweg (*Králova Cesta*) bei den Krönungsprozessionen.

Die Barockfassaden der ursprünglich romanischen oder gotischen Häuser sind liebevoll restauriert worden. Oftmals verstecken sich dahinter schöne Innenhöfe mit Balkonen (sogenannte *pavlač*). In Nr. 10 findet sich Choco-Story, ein nett gemachtes Schokoladenmuseum. Angeschlossen ist das größte Schokoladengeschäft des Landes. Haus Nr. 22 beherbergt die Gaststätte U Supa (Zum Geier). Auf der nördlichen Seite der Gasse ist in einem historischen Gebäude das Theater Divadlo v Celetné untergebracht.

An der Ecke zum Ovocný trh bricht das Haus Zur Schwarzen Muttergottes (Dům u Černé Matky Boží) mit dem vorherrschenden Barockstil. Das Gebäude, gebaut von Josef Gočar, ist ein gutes Beispiel tschechischer kubistischer Architektur. Es stammt aus dem Jahr 1912, wurde ursprünglich als Kaufhaus errichtet und beherbergt heute das kubistisch eingerichtete Grand Café Orient (S. 67).

224 B2

23 Karolinum

Das rote Backsteingebäude der Universität liegt auf der Nordseite des Ständetheaters und wird heute nur noch für Examensfeierlichkeiten genutzt. Nach der Zerstörung durch die Nationalsozialisten im Jahr 1945 ist vom ursprünglichen Karolinum nur noch ein Erkerfenster erhalten geblieben. Die Prager Universität wurde von Karl IV. 1348 gegründet und war die älteste deutsche Hochschule – Wien und Heidelberg folgten erst im Jahr 1365 bzw. 1386. Am Ende des Zweiten Weltkriegs wurde die deutsche Fakultät geschlossen.

224 B2 Ovocný trh 3 Můstek

Schönes Detail an einem Haus in der Zeltnergasse

NACH LUST UND LAUNE!

Wohin zum ...
Essen und Trinken?

PREISE

für ein Abendessen inkl. Getränke, Steuer und Service:
€ unter 400 Kč
€€ 400–800 Kč
€€€ über 800 Kč

RESTAURANTS

Brasileiro Slovanský Dům €€
Ein brasilianisches Rodizio-Lokal, wo Fleischstücke vom Spieß auf den Teller kommen. Am Anfang langsam essen, weil die besten Filetstücke zum Schluss kommen! Viel Hunger mitbringen, denn zuvor gibt's schon ein Vorspeisenbüfett.
✣ 224 B2 ✉ Na Příkopě 22, Staré Město ☎ 7 34 76 07 34; ⊕ http://brasileiro-slovanskydum.ambi.cz ❶ tägl. So–Mo 12–23, Di–Sa 12–24 Uhr ⊠ Můstek

Cotto Crudo €€€
Der erste Michelin-Stern in Prag ging 2008 an das Restaurant des Four Seasons. Das Allegro setzte seinerzeit die Maßstäbe in der Hauptstadt. Das Cotto Crudo ist ein würdiger Nachfolger. Thema ist die italienische und mediterrane Küche. Bei schönem Wetter sollten Sie versuchen, einen Terrassenplatz zu besetzen. Reservierung ist ratsam. Empfehlenswert ist das Fünf-Gänge-Degustationsmenü für 1200 Kč.
✣ 224 A3 ✉ Veleslavínova 2a ☎ 2 21 42 68 80 ⊕ www.cottocrudo.cz ❶ tägl. 11.30–22.30 Uhr ⊠ Staroměstská

Indian Jewel €€
Das Indian Jewel wird gelobt für seine Mogul-Küche. Die Spezialität sind Tandooris. Hinzu kommen Currys und Kebabs sowie eine Auswahl vegetarischer Gerichte. Von den Sitzplätzen auf der Terrasse haben Sie einen schönen Blick auf den Teynhof.
✣ 224 B3 ✉ Týn 6 ☎ 2 22 31 01 56; ⊕ www.indianjewel.cz ❶ tägl. 11–22.30 Uhr ⊠ Staroměstská

La Degustation €€€
Die Nummer eins einer Reihe Ambiente-Restaurants. Es handelt sich um eine Art Konzeptrestaurant: Sechs- oder Elf-Gänge-Menüs, hervorragende Qualität. Sie können aus einem böhmischen Angebot, europäischen oder modernen Gerichten wählen. Ein Michelin-Stern.
✣ 224 B3 ✉ Haštalská 18 ☎ 2 22 31 12 34 ⊕ www.ladegustation.cz ❶ tägl. 18–24 Uhr ⊠ Náměstí Republiky

La Finestra €€€
Trattoria-Atmosphäre, super Pasta, guter Fisch. Das Restaurant gilt als ein Hotspot im Zentrum.
✣ 223 F3 ✉ Platnéřská 13, Staré Město ☎ 2 22 32 53 25 ⊕ www.lafinestra.cz ❶ Mo–Sa 12–15, 17–23, So 12–22 Uhr ⊠ Staroměstská

Mlynec €€€
Wenn Sie ein besonderes kulinarisches Erlebnis genießen möchten, reservieren Sie im Mlynec und lassen Sie sich vom Küchenchef verwöhnen. Wählen Sie das Degustationsmenü und aus der umfangreichen Weinkarte vielleicht einen echten Grand Cru.
✣ 223 F2 ✉ Novotného lávka 9 ☎ 2 77 00 07 77 ⊕ www.mlynec.cz ❶ Mo–So 12–15, 17.30–23 Uhr ⊠ Staroměstská

NoStress €€
Das Restaurant bietet eine Mischung aus europäischer und Thai-Küche. Der belgische Küchenchef serviert Köstlichkeiten wie gegrillte Entenbrust mit Pflaumen, scharfe Garnelensuppe oder Fischcurry mit Jasminreis. Unbedingt Platz lassen sollte man für eines der Desserts. Wer sich die Kalorien lieber in flüssiger Form zuführt, kann einen der Drinks probieren.
✣ 224 B3 ✉ Dušní 10 (Eingang von der V Kolkovně 9) ☎ 2 22 31 70 07 ⊕ www.nostress.cz ❶ Mo–Fr 8.30–24, Sa 10–24, So 10–23 Uhr ⊠ Staroměstská

Pizza Nuova €
Wie das La Degustation ist auch dieses Restaurant Mitglied der Ambiente-Familie,

allerdings auf niedrigerem Niveau. Trotzdem gibt es gute Gründe, hierher zu kommen: die guten Pizzas, leckere Pasta, das »All-you-can-eat«-Antipasti-Büfett mit gutem Preis-Leistungs-Verhältnis sowie der kleine Kinderspielplatz im Innenbereich und das lärmtolerante Personal.
✝ 224 C3 ✉ Revoluční 1 ☎ 2 21 80 33 08
⊕ http://pizzanuova.ambi.cz ❶ tägl. 11.30–23.30 Uhr 🚇 Náměstí Republiky

V Zátiší €€€

Obwohl das Zátiší viel Lob und Preise einheimste, hat es seinen ursprünglichen Charme bewahrt und wirkt wie eine Insel inmitten eines Ozeans von Touristenlokalen. Die Inneneinrichtung ist auf schlichte Eleganz ausgerichtet. Die europäische Küche bietet keinen Firlefanz, sondern ist hervorragend zubereitet. Auf der Speisekarte finden sich sogar einige Fischgerichte. Wer regionale Küche bevorzugt, sollte die böhmische Bratgans in Honig-Lavendel-Soße probieren. Schokoholics lieben *čokoládová pěna* (Mousse au Chocolat) .
✝ 223 F2 ✉ Liliová 1 (am Betlémské náměstí)
☎ 2 22 22 11 55 ⊕ www.vzatisi.cz ❶ tägl. 12–15, 17.30–23 Uhr

GASTHÄUSER, KNEIPEN UND BARS

Bar and Books

Mit ihren roten Wänden, den weichen Lederbänken und sanfter Musik ist diese elegante Cocktail-Lounge am Teynhof die perfekte Umgebung für einen entspannten Abend. Und wenn Ihnen ein Wodka-Martini nach dem Rezept von *James-Bond*-Autor Ian Fleming nicht zusagt, können Sie stattdessen aus einer Reihe feiner Weine und Spirituosen wählen.
✝ 224 B3 ✉ Týnská 19 ☎ 2 24 81 51 22 ⊕ www.barandbooks.cz/tynska ❶ So–Mi 17–3, Do–Sa bis 4 Uhr 🚇 Náměstí Republiky

Chapeau Rouge

Eine laute Bar, die insbesondere von Ausländern und ihren tschechischen Freunden besucht wird. Im Kellergeschoss befindet sich ein Club, der bis in die Morgenstunden geöffnet ist. Die meiste Action wird allerdings in der Hauptbar im Erdgeschoss geboten. Wer ein wenig zechen möchte und sich im lauten Gewühl wohlfühlt, wird auf seine Kosten kommen.
✝ 224 C3 ✉ Jakubská 2 ☎ 2 22 31 63 28
⊕ www.chapeaurouge.cz ❶ Bar: Mo–Do 12–3, Fr 12–4, Sa 16–4, So 16–2, Club: So–Do 21–4, Fr–Sa 21–6 Uhr 🚇 Náměstí Republiky

Dubliner Irish Pub €

Die Fish & Chips schmecken am besten an einem Champions-League-Abend; zwölf Monitore übertragen die Spiele.
✝ 224 B3 ✉ Týn 1, Staré Město ☎ 2 24 89 54 04
⊕ www.aulddubliner.cz ❶ So–Mi 11–1, Do–Sa 11–3 Uhr 🚇 Staroměstská

Kolkovna €

Ja, es ist ein wenig touristisch, aber wenn Sie einen amüsanten und günstigen Abend in einem tschechischen Gasthaus verbringen wollen, dann sind Sie hier richtig. Das frisch gezapfte Pilsner Urquell, Schweinebraten, Gulasch, Knödel, Ente und alle anderen böhmischen Gerichte sind unschlagbar. Es gibt sechs Filialen in der Stadt.
✝ 224 B2 ✉ Na Příkopě 10 ☎ 2 77 00 88 80
⊕ www.kolkovna.cz ❶ tägl. 11–24 Uhr 🚇 Můstek

Dlouháááá €

Aus blitzblanken Stahltanks fließen drei Sorten Bier. An einfachen Holztischen ohne Tischdecken gibt's in Dunkelbier gebratene Haxe und es geht laut zu unter den Gewölben dieses urigen Lokals.
✝ 224 C3 ✉ Dlouhá 33 ☎ 7 34 28 38 74
⊕ http://lokal-dlouha.ambi.cz ❶ Mo–Sa 11–1, So 11–24 Uhr 🚇 Dlouha třídá

Naše Maso €

Wer mal unter Tschechen bestes Fleisch genießen möchte, der geht in diesen Stehimbiss. Nichts liegt unter der Wärmelampe, alles wird frisch zubereitet, von der Bratwurst bis zum Old-aged-Steak. Das Bier zapft man sich selbst. So beliebt, dass man eng sitzt an den wenigen Tischen.
✝ 224 C3 ✉ Dlouhá 39 ☎ 2 22 31 13 78
⊕ http://nasemaso.ambi.cz ❶ tägl. 10–20 Uhr 🚇 Dlouha třídá

Kaffeegenuss am Altstädter Ring

U Medvídků €
Eine berühmte Bierschenke von 1466, wo aus den Zapfhähnen ein nicht enden wollender Strom von Budvar aus Südböhmen (S. 29) fließt. Die tschechischen Spezialitäten sorgen für eine gute Grundlage. In neun Stunden kann man in der Mikrobrauerei sogar sein eigenes Bier brauen ...
✣ 224 A2 ✉ Na Perštýně 7 ☎ 2 24 21 19 16 ⊕ www.umedvidku.cz ⏱ Mo–Fr 11–23, Sa 11.30–23, So 11.30–22 Uhr 🚇 Metro Můstek

U Tří Růží €
»Zu den drei Rosen« gehört zu den Altprager Gasthäusern, in denen man frisches Bier und gute böhmische Küche zu auch für Tschechen bezahlbaren Preisen bekommt. Sechs eigene Biere und die Schweinerippchen mit hausgemachter BBQ-Sauce sind eine Bestellung wert. Manche behaupten sogar, hier gäbe es die besten tschechischen Gerichte in Prag.
✣ 224 A2 ✉ Husova 10 ☎ 6 01 58 82 81 ⊕ www.u3r.cz ⏱ So–Do 11–23, Fr–Sa 11–24 Uhr 🚇 Karlovy lázně

U Vejvodů
Die ehemals verräucherte, uralte Kneipe präsentiert sich nach ihrer Umgestaltung als heller Pilsner-Palast, wo sich die Gäste wohlfühlen und die erschwinglichen Preise zu schätzen wissen. Es gibt sehr gute böhmische Küche: Probieren Sie das Gulasch mit zweierlei Knödel.
✣ 224 A2 ✉ Jilská 4 ☎ 2 24 21 99 99 ⊕ www.restauraceuvejvodu.cz ⏱ Mo–Do 10–3, Fr, Sa 10–4, So 10–2 Uhr 🚇 Můstek

U Zlatého tygra
Eine der letzten traditionellen tschechischen Kneipen in der Altstadt – traditionell in dem Sinne, dass wirklich keine Anstrengung unternommen wird, um Touristen anzulocken. Jeden Tag um 15 Uhr kommen die Stammgäste. Sie können sich gerne dazugesellen und sich setzen, wenn Sie einen freien Platz finden. Hervorragendes Bier und solide böhmische Kost.
✣ 224 A2 ✉ Husova 17 ☎ 2 22 22 11 11 ⊕ www.uzlatehotygra.cz ⏱ tägl. 15–23 Uhr 🚇 Karlovy lázně

CAFÉS UND TEEHÄUSER

Die Wiedergeburt der Prager Kaffeehausszene macht sich nirgendwo besser bemerkbar als in der Altstadt mit ihren Kaffee- und Teehäusern.

Bakeshop Praha
Eher eine Bäckerei als ein Café, doch der Kaffee ist gut und Sie können auf einem der Stühle mit einer Tasse Kaffee und einem Stück vom hausgemachten Kuchen, einem Brownie oder Schokokeks entspannen. Außerdem bekommt man gute Salate und Sandwiches zum Mitnehmen.
✣ 224 B3 ✉ Kozí 1 ☎ 2 22 31 68 23 ⊕ www.bakeshop.cz ⏱ tägl. 7–21 Uhr

Café de Paris
Falls in dem riesigen Café im Repräsentationshaus (S.153) alle Plätze besetzt sein sollten, findet sich meist in diesem kleinen, ebenfalls authentischen Jugendstilcafé um die Ecke noch ein freier Tisch. Es gibt Kuchen, Pasta, Caesar Salad und Bagel-Sandwiches.
✣ 224 C2 ✉ Hotel Paříž, U Obecního domu 1 ☎ 2 2 21 95 81 6 ⊕ www.hotel-paris.cz ⏱ tägl. 8–2 Uhr

Café Montmartre
Der Name klingt ein wenig nach Boheme und so war es tatsächlich auch: Von Kafka bis Meyrink, von Kisch bis Werfel – alle lungerten sie in diesem bis heute sehr angenehmen Kaffeehaus herum. Damals gab es im Montmartre allerdings nicht nur Kaffee

und Kuchen wie jetzt, sondern auch spitzfindiges Kabarett.
✣ 224 A2 ✉ Řetězová 7 ☎ 6 02 27 72 10
⊕ www.avantgarde-prague.com ❶ Mo-Fr 10-24, Sa-So 10-20 Uhr

Choco Café
Ein toller Ort zum Entspannen zwischen anstrengenden Sightseeing-Touren. Das Choco Café serviert Bruschetta, Sandwiches, Salate, Kuchen, Kaffee und Eistee, die Spezialität ist aber heiße Schokolade mit Chili und Ingwer – gut für kalte Tage.
✣✣ 223 F2 ✉ Liliová 4 ☎ 2 22 22 25 19
⊕ www.choco-cafe.cz ❶ tägl. 10-20 Uhr

Grand Café Orient
Tschechische Designer haben in mühevoller Kleinarbeit das Interieur dieses Cafés im ersten Stock des Hauses Zur Schwarzen Muttergottes (S. 63) im Stil des frühen 20. Jhs. restauriert. Serviert werden Kuchen, Sandwiches und andere Snacks.
✣ 224 B2 ✉ Ovocný trh 19 ☎ 2 24 22 42 40
⊕ www.grandcafeorient.cz ❶ Mo-Fr 9-22, Sa-So 10-22 Uhr

Grand Café Praha
Das Café ist zwar recht teuer und sein Angebot nicht herausragend, aber dafür hat es etwas Besonderes zu bieten, nämlich einen spektakulären Blick auf die Astronomische Uhr direkt gegenüber der Tür.
✣ 224 B3 ✉ Staroměstské náměstí 22 ☎ 2 21 63 25 22 ⊕ www.grandcafe.cz ❶ tägl. 7-24 Uhr

Kavárna Slavia
Dieses Café ist die Königin unter den Prager Kaffeehäusern. Praktisch jeder wichtige Prager Schriftsteller, Musiker und Schauspieler ist hier zu Gast gewesen, von den 1920er-Jahren bis in die Zeit der Samtenen Revolution (S. 18). Zu den Gästen gehörten u. a. der Literaturnobelpreisträger Jaroslav Seifert, Rainer Maria Rilke, der Journalist Egon Erwin Kisch und die Übersetzerin Milena Jesenská, später auch Václav Havel. Man kann das berühmte Getränk der Künstler bestellen, den Absinth, eine hochprozentige Flüssigkeit auf Kräuterbasis. Es gibt Kaffee, Wein, Bier und leichte Gerichte sowie tschechische Snacks wie *toasty* (Toast belegt mit verschiedenen Wurstsorten). Man sitzt gemütlich, betrachtet die Einrichtung aus Marmor und Stahl oder je nach Sitzplatz die Moldau bzw. die Národní.
✣ 223 F2 ✉ Smetanova nábřeží 2 (Eingang Národní třída) ☎ 2 24 21 84 93 ⊕ www.cafeslavia.cz ❶ tägl. Mo-Fr 8-24, Sa-So 9-24 Uhr

Wohin zum ... Einkaufen?

ALTSTÄDTER RING

Der Altstädter Ring (Staroměstské náměstí) ist das soziale und wirtschaftliche Herz von Prag. Rund um dieses Zentrum haben sich Geschäfte aller Art angesiedelt.

Mode
Die Pařížká ist das Zentrum für exklusive Mode in Prag, die Neustadt – insbesondere die Na příkopě – der beste Ort für High-Street-Mode. Es gibt aber auch einige gute Kleidungs- und Modegeschäfte in der Altstadt. Beginnen Sie am Repräsentationshaus. Hier finden Sie den exklusiven italienischen Lederwarenhersteller Coccinelle (Náměstí Republiky 2; Tel. 2 22 00 23 40; http://coccinelle.cz). Kleine Boutiquen säumen die Straßen hinter dem Repräsentationshaus.

Bücher, Drucke und Karten
In der Altstadt gibt es hervorragende Buchläden, die auch fremdsprachige Bücher führen. Anagram Books am Ungelt (Teynhof 4; Tel. 2 24 89 57 37; www.anagram.cz) hat sich z. B. auf Kunst, Philosophie und Geschichte spezialisiert, bietet aber auch eine gute Literaturauswahl an. In Prag gibt es zudem zahlreiche Antiquariate (auf Tschechisch *antikvariát*), die oft auch Lithografien, Poster, Karten, alte Zeitschriften und alles mögliche andere anbieten. Viel Spaß beim Stöbern!

Geschenke und Diverses

Im Einkaufszentrum Palladium am Náměstí Republiky (Tel. 2 25 77 02 50; www.palladiumpraha.cz) gibt es verschiedene Geschenkeshops, Boutiquen, Drogerien, Bars und Restaurants – es ist an sieben Tagen der Woche geöffnet, ein Paradies für Shoppingfreaks. In der Zeltnergasse (Celetná) in der Nähe des Altstädter Rings bieten Cristallino (Celetná 12, Tel. 2 24 22 30 27) und Celetná Crystal (Celetná 15, Tel. 2 24 32 99 72) Kristall, Glaswaren, Edelsteine und Schmuck an. Artěl in der Celetná 29 (Eingang von der Rybná, Tel. 2 71 73 21 61; www.artelglass.com) führt Reproduktionen von Glaswaren der 1920er- und 1930er-Jahre sowie eine interessante Sammlung von Büchern und Schmuck. Botanicus (Tel. 2 34 76 74 46; www.botanicus.cz), gleich hinter der Teynkirche, verkauft Produkte, die auf einem Biohof außerhalb von Prag hergestellt, gezogen oder abgefüllt werden: schöne Kerzen, duftende Seifen, leckeres Öl und feinen Essig. In der Boutique Kubista (Ovocný trh 19, www.kubista.cz) stehen wunderschöne kubistische Einzelstücke zur Wahl.
In zwei Gebäuden auf der Tynská 7 und in einem Hinterhof befindet sich das faszinierende Kuriositätengeschäft Bric à Brac (Tel. 2 22 32 64 84). Auf der Dlouhá gibt es zwei nette Geschäfte: Studio Šperk (Nr. 19, Tel. 2 24 81 51 61) bietet schönen Edelsteinschmuck in moderner Kulisse, Bohemia Granat Jewellery (Nr. 28, Tel. 2 22 31 56 12) offeriert böhmischen Edelsteinschmuck zu Fabrikpreisen.

RICHTUNG KARLSBRÜCKE

Auch das Gebiet im Süden und Westen des Altstädter Rings lohnt sich. Zentrale Achse ist die touristische Karlova mit ihren Souvenirshops. Authentischeres finden Sie hinter der Karlova und zwischen dem Altstädter Ring und der Národní třída – z. B. auf der Michalská oder der Na Perštýně.

Antiquitäten

Alma Mahler Antiques (Valentínská 7, Tel. 2 24 81 39 91) bietet alles von Schnickschnack bis zu feinen Antiquitäten und überdies eine Weinbar. Art Deco Galerie (Michalská 21, Tel. 2 24 22 30 76) verkauft, wie der Name schon sagt, Reproduktionen der frühen tschechischen Moderne und einige Originale. Die schönsten Antiquitäten finden Sie in der Filiale des österreichischen Auktionshauses Dorotheum (Ovocný trh 2, Tel. 2 24 22 20 01; www.dorotheum.com).

Geschenke und Diverses

Manufaktura in der Melantrichová 17 (Tel. 2 30 23 43 92) unweit des Altstädter Rings bietet hübsche tschechische Keramik, Küchengeräte, Zierrat und Dekoartikel. Entlang der Havelska locken der Wochenmarkt (den einzigen erhaltenen Marktplatz mitten in Prag gibt's schon seit 1232) mit zahlreichen Souvenirs (tägl. 9–17 Uhr) und traditionelle Läden. Wer ein paar wirklich originelle Prag-Souvenirs mitnehmen möchte, ist in der Pragtique (Národní 37 in der Passage, www.pragtique.com) richtig: Lenka, Jitka und Johana bieten in ihrer Prager Boutique originelle Souvenirs Prager Künstler an – von Kleinigkeiten bis Gemäldeunikaten. Zehn Prager Künstler gestalten ca. 90 Prozent aller Angebote.

Das Palladium am Platz der Republik

Wohin zum ... Ausgehen?

Jazz in einem 800 Jahre alten Keller, ein Kammerkonzert zwischen den Statuen einer Barockkirche oder Opern, »gesungen« von lebensechten Marionetten – die Altstadt bietet ein Unterhaltungsangebot, das in Einklang steht mit ihrer historischen Architektur.

THEATER

Divadlo Na Zábradlí
Die kleine Bühne des »Theaters am Geländer« ist nicht nur durch die dramatischen Werke von Václav Havel aus den 1960er-Jahren berühmt geworden.
✢ 223F2 ✉ Anenské náměstí 5, Staré Město ☎ 2 22 86 88 70 ⊕ www.nazabradli.cz

Nationales Marionettentheater (Národní divadlo marionet)
Das Theater begeistert Groß und Klein. Viel Lob bekommt es u. a. dafür, dass es die tschechische Kunst der Puppenoper am Leben erhält. *Don Giovanni* wird hier seit 1991 aufgeführt.
✢ 224 A3 ✉ Žatecká 1, Staré Město ☎ 2 24 81 93 22 ⊕ www.mozart.cz

Szene aus Mozarts *Don Giovanni*

MUSIK

AghaRTA
Jazzmusik und Fusion in einem 800 Jahre alten Keller. Die Shows beginnen um 21 Uhr, Sie sollten aber schon um 20 Uhr dort sein, wenn Sie einen Sitzplatz bevorzugen.
✢ 224 B2 ✉ Železná 16, Staré Město ☎ 2 22 21 12 75 ⊕ www.agharta.cz

Buddha Bar
Loungemusik im bewährten coolen Buddha-Bar-Stil. Dazu gibt es asiatisches Essen im angeschlossenen Restaurant. Leider viel zu teuer.
✢ 224 C3 ✉ Jakubská 8, Staré Město ☎ 2 21 77 63 00 ⊕ www.buddhabarhotelprague.com

Klementinum
Die Spiegelkapelle aus dem 18. Jh. bildet einen würdigen Rahmen für unvergessliche Kammerkonzerte.
✢ 224 A3 ✉ Karlova 1 (neben der Klemenskirche) ☎ 2 22 22 08 79 ⊕ www.klementinum.com

Roxy
In diesem Kunstzentrum stellen Top-DJs und Stars der internationalen Musikszene ihr Können unter Beweis.
✢ 224 C3 ✉ Dlouhá 33, Staré Město ☎ 6 08 06 07 45 ⊕ www.roxy.cz

Stavovské divadlo
Opernfreunde sollten eine Karte für das Ständetheater (S.56) kaufen und das Opernhaus bewundern, in dem Mozart die Uraufführung von *Don Giovanni* selbst dirigierte. Das exzellente Ensemble des Nationaltheaters (Národní divadlo; S. 161) hat ebenfalls einige Mozartopern im Repertoire. Karten sind im e-shop@narodni-divadlo.cz, Tel. 2 24 90 14 48 erhältlich.
✢ 224 B2 ✉ Ovocny trh 6, Staré Město ☎ 2 24 90 14 48 ⊕ www.narodni-divadlo.cz/en/estates-theatre

SCHWARZLICHTTHEATER

Das bekannteste Schwarzlichttheater, die Laterna Magika (S. 177), befindet sich in der Neustadt, doch auch in der Altstadt haben sich gute Ensembles niedergelassen:
Ta Fantastika, Karlova 8, Staré Město ☎ 2 22 22 13 66 ⊕ www.tafantastika.cz
Black Light Theatre of Prague, Rytířská 31, Staré Město, ☎ 7 25 83 06 55 ⊕ www.blacktheatre.cz

Blick über die Moldau und die Karlsbrücke zum Hradschin

Hradschin, Kleinseite und Umgebung

Die Burg und der Dom thronen hoch über Prag. Darunter liegt ein gut erhaltener barocker Stadtkern.

Seite 70–113

Erste Orientierung

Die Burg thront über der Stadt und auf der Klein(en)seite der Moldau finden Parlament und Botschaften, Politiker und Entscheider zusammen.

Der Hradschin ist das Viertel rund um die Prager Burg. Im 16. Jh. wurde es zu einem eigenen Stadtbezirk erhoben, der die Burg, die umliegenden Gärten sowie die Paläste Richtung Westen rund um den Hradschiner Platz umfasste. Die Kleinseite verdankt ihren Namen der Tatsache, dass sie stets kleiner war als der Bezirk am rechten Ufer. Das alte Viertel erstreckt sich südlich der Burg und umfasst auch die Insel Kampa. Nördlich und östlich der Burg liegen die Bezirke Bubeneč, Letná und Holešovice.

TOP 10
❶ ★★ Prager Burg
(Pražský hrad)
❸ ★★ Veitsdom
(Katedrála sv. Víta)
❼ ★★ Kloster Strahov
(Strahovský klášter)
❽ ★★ Goldenes Gässchen
(Zlatá ulička)

Nicht verpassen!
㉔ Gärten der Prager Burg
(Zahrady)
㉕ Kleinseitner Ring
(Malostranské náměstí)

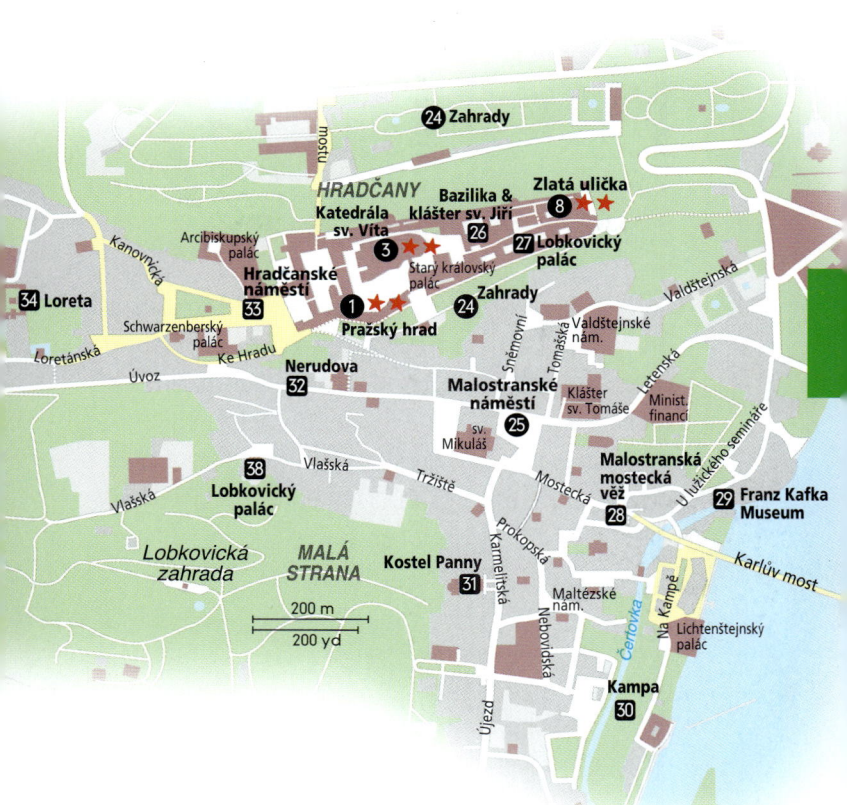

Nach Lust und Laune!

- 26 Basilika & Kloster St. Georg (Bazilika & klášter sv. Jiří)
- 27 Palais Lobkowitz (Lobkovický palác)
- 28 Kleinseitner Brückentürme (Malostranská mostecká věž)
- 29 Franz Kafka Museum
- 30 Kampa
- 31 St. Maria de Victoria (Kostel Panny Marie Vítězné)
- 32 Nerudagasse (Nerudova)
- 33 Hradschiner Platz (Hradčanské náměstí)
- 34 Loreto-Heiligtum (Loreta)
- 35 Schloss Troja (Trojský zámek)
- 36 Messepalast (Veletržní palác)
- 37 Laurenziberg (Petřín)
- 38 Palais Lobkowitz (Lobkovický palác)

ERSTE ORIENTIERUNG

Mein Tag
im Grünen

Prag ist keine sonderlich grüne Stadt. Aber es gibt ja den Laurenziberg, der rund 130 Meter über Altstadt, Kleinseite und Moldau nicht nur beste Über- und Rundblicke gewährt, sondern auch wunderbare Plätze zum Picknicken, Sonnenbaden oder Spazierengehen zu bieten hat.

9.00 Uhr – Bitte einmal um die eigene Achse drehen ...

... ehe es in die Tram geht: Direkt an der Haltestelle Malostranská am ㉕ Kleinseitner Ring, beginnt man den Streifzug mit dem Blick auf die mächtige Niklaskirche mit ihrer 75 Meter hohen Kuppel. Und egal, ob man sich nun nach rechts oder links dreht: Sie erspähen Prachtbauten im Rokoko- oder Barockstil. Ein wunderbarer Platz! Und wie gefährlich er früher war! Zumindest für die zahlreichen Botschaften, die sich schon in der KP-Zeit zwischen Kleinseitner Ring und Burg angesiedelt hatten, darunter die Vertretungen der USA, Großbritanniens, Frankreichs, Italiens und auch der damaligen BRD. Denn die Staatssicherheit der ČSSR nutzte den Glockenturm der Niklaskirche, um die Botschaften mit Peilsendern abzuhören und auszuspionieren. Sobald die Tram heranrumpelt, bitte einsteigen: in die 22 in Richtung Bílá hora. Die Fahrkarte haben Sie sich schon vorher besorgt, etwa in einem vietnamesischen Geschäft.

9.30 Uhr: Trabi-Skulptur von David Černý

12.30 Uhr: Mittagspause beim Kloster Strahov

14 Uhr: Es geht hoch hinaus …

16.30 Uhr: Zurück per Zahnradbahn

MEIN TAG …

9.30 Uhr

9.30 Uhr – An der fünften Haltestelle ...

... steigen Sie aus: Pohořelec. Von dort sind es nur wenige Schritte zum ❼★★ Kloster Strahov und in die Grünanlage am 37 Laurenziberg. Am besten spaziert man zunächst einmal Richtung deutsche Botschaft. Den Genscher-Balkon und den bronzefarbenen Trabi auf Füßen, das berühmte Kunstwerk von David Černý, will man dann ja doch einmal gesehen haben. Und das geht nur von den Grünanlagen aus! Zur Erinnerung: Oktober 1989. 4000 fluchtwillige Bürger der DDR halten sich auf dem Gelände der BRD-Botschaft in Prag auf. Außenminister Genscher spricht nach Tagen des Wartens, Hoffens, Zauderns vom Balkon: »Wir sind gekommen, um Ihnen

Quo Vadis, ein Trabbi mit Beinen, erinnert an die Deutschen, die 1989 auf dem Gelände der Deutschen Botschaft auf Freiheit warteten. Rechts: Picknick am Laurenziberg

mitzuteilen, dass heute Ihre Ausreise möglich geworden ist.« Grenzenloser Jubel. Und Gänsehaut. Bis heute ...

10.30 Uhr – Zeit für einen Überblick ...

Suchen Sie sich in aller Ruhe einfach einmal ein hübsches Bänkchen oder schönes Fleckchen Wiese mit Blick auf den Hradschin, die ❺★★ Moldau und die vielen Prager Türme. Einfach nur sitzen, schauen, staunen.

12.30 Uhr – Mittagspause ...

Sollten Sie kein Picknick dabei haben, spazieren Sie am besten

10.30 Uhr

zum ❼★★ Kloster Strahov zurück. Im Klášterní pivovar Strahov, dem Klosterbräu Strahov, gibt es wunderbares naturtrübes Bier, wie es die Benediktinermönche schon 1505 brauten. Zum hl. Norbert als Lager- und Weizenbier wird prima böhmische Küche aufgetischt.

14.00 Uhr – Es geht hoch hinaus ...

14 Uhr

... denn nach einem kleinen Verdauungsspaziergang entlang der Hänge des Laurenzibergs wartet der Petřín, der anlässlich der Weltausstellung 1891 als Kopie des Pariser Eiffelturms (im Verhältnis 1:5) errichtet wurde. Er ist genau 63,5 Meter hoch und zu seiner Spitze, die sich genauso hoch über dem Meeresspiegel befindet wie die des echten Eiffelturms, führen 299 Stufen. Der Ausblick auf Prag ist wohl der beste weit und breit. Im Erdgeschoss gibt's Nachhilfe in Sachen tschechischem Humor: Im Museum

MEIN TAG ...

14 Uhr

der nicht existierenden Person Jara Cimrman. Dem Kopf von Ladislav Smoljak und Zdeněk Svěrák entsprungen, fütterte das Autorenduo 40 Jahre lang seine Kunstfigur ständig mit neuen Geschichten: Wer empfahl der US-Regierung den Panama-Kanal zu bauen? – Der Tscheche Cimrman! Wer erfand den Bikini? – Cimrman natürlich! Cimrman wusste immer Rat ...

16.30 Uhr – Rückfahrt mit der Zahnradbahn ...

... vom Prager Eiffelturm-Nachbau hinunter in die Újezd. Steigen Sie dort um in die Tram 9, 12, 15 oder 20, fahren Sie drei Stationen bis Anděl und vergnügen Sie sich noch ein Weilchen im Shopping-Center Novy Smíchov mit mehr als hundert Geschäften.

19.30 Uhr – Zum Abendessen ...

... bieten sich auf der Kleinseite zwei besondere Adressen an: Stilvoll speist man unter der Kasettendecke im »Café Savoy«, wobei der Abend dennoch nicht so teuer werden wird (Vítězná 5). Oder eher schlicht in der »Kavárna Mlýnská«, dem »Mühlencafé«, wo der Student in Jeans mit dem Geschäftsführer

14 Uhr

Aufstieg zum Petřin, der einen der besten Ausblicke über Prag bietet. Hinunter geht es bequem mit der Zahnradbahn

im Anzug und der Künstler mit einem Politiker diskutieren, Bier trinken und böhmische Gerichte bestellen. Ex-Außenminister Karel Schwarzenberg ist hier Stammgast – immer, mit Fliege (Všehrdova 14, am Teufelsbach am Rand des Kampa-Parks).

16.30 Uhr

MEIN TAG ...

❶ ★★ Prager Burg
(Pražský hrad)

Warum?	Prag ohne einen Burgbesuch? Unmöglich!
Wann?	Vormittags und dann zum Wachwechsel um 12 Uhr.
Was tun?	Schauen, ob der Staatspräsident da ist …
Wie lange?	Mindestens drei Stunden.
Was noch?	Zu Besuch im flächenmäßig größten Burgareal der Welt.
Resümee	Im Zentrum von Macht und Politik.

Die romantische Burgsilhouette ist von fast jedem Punkt in Prag zu sehen. Jenseits der klassizistischen Fassaden ragen die gotischen Türme des Veitsdoms empor (S. 86).

Der *hrad*, wie die Burg im Allgemeinen genannt wird, ist das Symbol staatlicher Macht – bis heute. Könige wurden hier gekrönt und Präsidenten vereidigt. Aus einem Fenster im 1. Stock rief Hitler 1939 das Protektorat Böhmen und Mähren aus. Die Chefs der Kommunistischen Partei hielten das Volk fern, während Präsident Václav Havel die Pforten öffnete: 1990 gab es zur Feier der Unabhängigkeit eine Party.

Die erste Burg wurde um 870 von Herzog Bořivoj errichtet und war nur wenig größer als eine massive Holzhütte. Ihre Verteidigungsanlagen mit Holzpfählen, Erdwällen und natürlichen Wassergräben wurden im 11. Jh. durch Befestigungen aus Stein ersetzt. Der Palast selbst ist hauptsächlich im Stil der Gotik und Renaissance errichtet. 1598 wurde die Burg nach der Altstadt und der Neustadt offiziell zu Prags drittem Stadtbezirk ernannt. Zu ihm gehören Paläste, Kirchen, Kapellen, Gärten (S. 96), Adelshäuser sowie Ateliers und Werkstätten im Goldenen Gässchen (S. 94). Während des Dreißigjährigen Kriegs (1618–1648) wurde die Burg verlassen, Mitte des 18. Jhs. sorgte die Habsburger Kaiserin Maria Theresia für die Restaurierung im klassizistischen Stil.

Viel zu sehen in zwei Burghöfen
Moderne Kopien der Kämpfenden Giganten (Ignaz Michael Platzer, 1768) säumen den Haupteingang. Auf der Rückseite des ersten Hofes steht das Matthiastor (Matyášova brána). Im

zweiten Hof erhebt sich rechts der Präsidentenpalast mit nicht öffentlich zugänglichen Büros und Wohnräumen. Ist der Präsident auf der Burg, flattert die Landesfahne …

Zur Linken liegen der Spanische Saal (Španělsky sál) und die Rudolfsgalerie (Rudolfova galerie). Während der Prager Frühlingskonzerte (S. 216) sind sie der Öffentlichkeit zugänglich, ansonsten werden sie für offizielle Staatsfeierlichkeiten genutzt.

Im Ersten Burghof zieht die stündliche Wachablösung seit 1990 Scharen von Neugierigen an, besonders um 12 Uhr, wenn Fanfaren erklingen und die Flagge getauscht wird. Ein Freund von Václav Havel, der tschechische Kostümbildner Theodor Pištěk, entwarf die Uniformen. Zum Unmut von Militärhistorikern, die diese repräsentativen Uniformen als operettenhaft etikettierten, da sämtliche Traditionen der tschechoslowakischen und tschechischen Armee außer acht gelassen wurden. An jedem Burgtor findet stündlich eine Wachablösung statt, jedoch ohne großen Pomp.

Die Prager Burg beherrscht eindrucksvoll das linke Ufer der Moldau

Kunst in der Burggalerie
Auf der Nordseite des zweiten Burghofs zeigt die Ausstellung in der Burggalerie die Reste der einst großartigen

Durch das Matthiastor gelangt man in den Ersten Burghof des Hradschin. In hellblau gekleidete Soldaten bewachen den Zugang zum Sitz des tschechischen Staatspräsidenten

Kunstsammlung Rudolfs und Ferdinands II. Unter den verbliebenen Kunstschätzen sind Arbeiten von Veronese, Tintoretto, Rubens, Cranach und Holbein zu sehen. Zeitgenössische Ausstellungen finden in den benachbarten Kaiserlichen Stallungen (Císařská konírna) statt.

Im Alten Königspalast

Der dritte Hof führt zum Alten Königspalast. Er war vom 12. bis zum 16. Jh. Sitz der böhmischen Könige. Starten Sie Ihre Tour mit der Ausstellung zur Geschichte der Prager Burg, die im gotischen Stockwerk des Palasts untergebracht ist. Neben den Stein- und Holzskulpturen, bestickten Gewändern und Totenkleidern, Glas- und Tonwaren werden der Helm und das Kettenhemd des hl. Wenzel gezeigt. Für Kinder gibt es die Ausstellung begleitende Burgspiele.

Hauptattraktion des Palasts ist der kahle Vladislavsaal (Vladislavský sál) mit seinem Sterngewölbe. Der gotische, 1502 fertiggestellte Saal war Schauplatz der Königswahl. Einst fanden hier auch Bankette und Reitturniere statt, bei denen Pferde über die Reitertreppe an der Nordseite nach oben galoppierten. An der Ostseite des Saals gelangt man über eine Wendeltreppe auf eine Terrasse, von der man die Stadt überblickt. In der Südwestecke führt eine Treppe hinunter in den Ludwigsflügel und zur böhmischen Kanzlei.

Dort wurden die königlichen Statthalter 1618 aus dem Fenster gestürzt (S. 24).

Der Vladislavsaal besticht durch sein mittelalterliches Gewölbe. Hier wurde Václav Havel 1990 als Präsident vereidigt

Lustwandeln in den Kleinseitner Gärten

In den fürstlichen Barockgärten, die sich von der Prager Burg den Hügel hinabziehen, spaziert man zwischen Balustraden, Springbrunnen, Loggien, Arkaden und genießt fantastische Ausblicke über Kleinseite und Moldau. Im Sommer dienen die Gärten auch als Bühne für Open-Air-Konzerte. Am spektakulärsten ist der strikt geometrisch angelegte Waldstein-Garten (Valdštejnská zahrada) des gleichnamigen Palastes mit einer Loggia aus dem 17. Jh.

KLEINE PAUSE

Das (normalerweise) ruhigste der vielen nicht allzu teuren Burgcafés im Freien befindet sich etwas versteckt in der Nordwestecke des Gartens auf der **Bastion** (Zahrada na baště) auf der linken Seite des Haupteingangs.

---

223 D4 Hradčanské náměstí, Praha 1 ☎ Infozentrum Prager Burg, Tel. 2 24 37 33 68; www.hrad.cz ● Burganlage tägl. 6–22 (April–Okt. bis 24) Uhr; eintrittspflichtige Bereiche: tägl. 9–16 Uhr Malostranská; 22 Pražsky hrad Anlage: frei;

Kombiticket für alle Gebäude und Sammlungen 350 Kč. ● Valdštejnská zahrada: April–Mai und Okt. Mo–Fr 7.30–18, Sa–So 10–18; Juni–Sept. Mo–Fr 7.30–19, Sa–So 10–19 Uhr. Der Palast ist nur gelegentlich für Konzerte geöffnet.

PRAGER BURG

Residenz der böhmischen Könige

Bis zum 16. Jh. diente der Alte Königspalast als Herrschersitz. Die bedeutendste Sehenswürdigkeit ist der Vladislavsaal mit seinen imposanten Ausmaßen: 62 m Länge, 16 m Breite und 13 m Höhe.

❶ Westliche Fassade: Nach dem Burgumbau unter Maria Theresia wurde die westliche Fassade des alten Königspalastes mit den am Dritten Burghof befindlichen Gebäuden in Einklang gebracht.

❷ Eingang: Man betritt den Westflügel mit den spätgotischen und Renaissancebauten und passiert den barocken Adlerbrunnen, der um eine Fontäne von Jože Plečnik (1872 bis 1957) erweitert wurde.

❸ Reitertreppe: Die Reitertreppe war für die zu Pferde sitzenden Ritter bestimmt, die an Turnieren im Vladislavsaal teilnahmen.

❹ Landtagssaal: Mit dem Umbau des Palastes beauftragte Vladislav II. den böhmischen Architekten Benedikt Ried (um 1454 –1534), der auch die Pläne für den Landtagssaal zeichnete. Nach einem Brand wurde das spätgotische Rippengewölbe in den Jahren 1559–1563 von Bonifaz Wohlgemut erneuert. Offenbar zogen manche Landtagsabgeordnete angenehmere Tätigkeiten ihren Pflichten vor. So lautet eine Mahnung des Herrn von Roupow während der Regierungszeit Friedrichs von der Pfalz: »Wartet doch ein bisschen, meine Herren, und sehet zu, dass ihr beim Essen eure Heimat nicht verschwendet.«

❺ Neue Landtafelstube: Landtafeln waren Bücher, in die Verhandlungsergebnisse vor dem Landtag eingetragen wurden. Sie hatten Gesetzescharakter.

❻ Vladislavsaal: Dieser ebenfalls von Benedikt Ried entworfene Saal war seinerzeit der größte gewölbte Profanbau in ganz Mitteleuropa. Das kühn ausgearbeitete Sterngewölbe leitet die Drucklast über mächtige Tragpfeiler zwei Stockwerke tief ab.

❼ Aussichtsterrasse: Von hier hat man einen schönen Blick auf die Hausdächer auf der Kleinseite und das Moldautal.

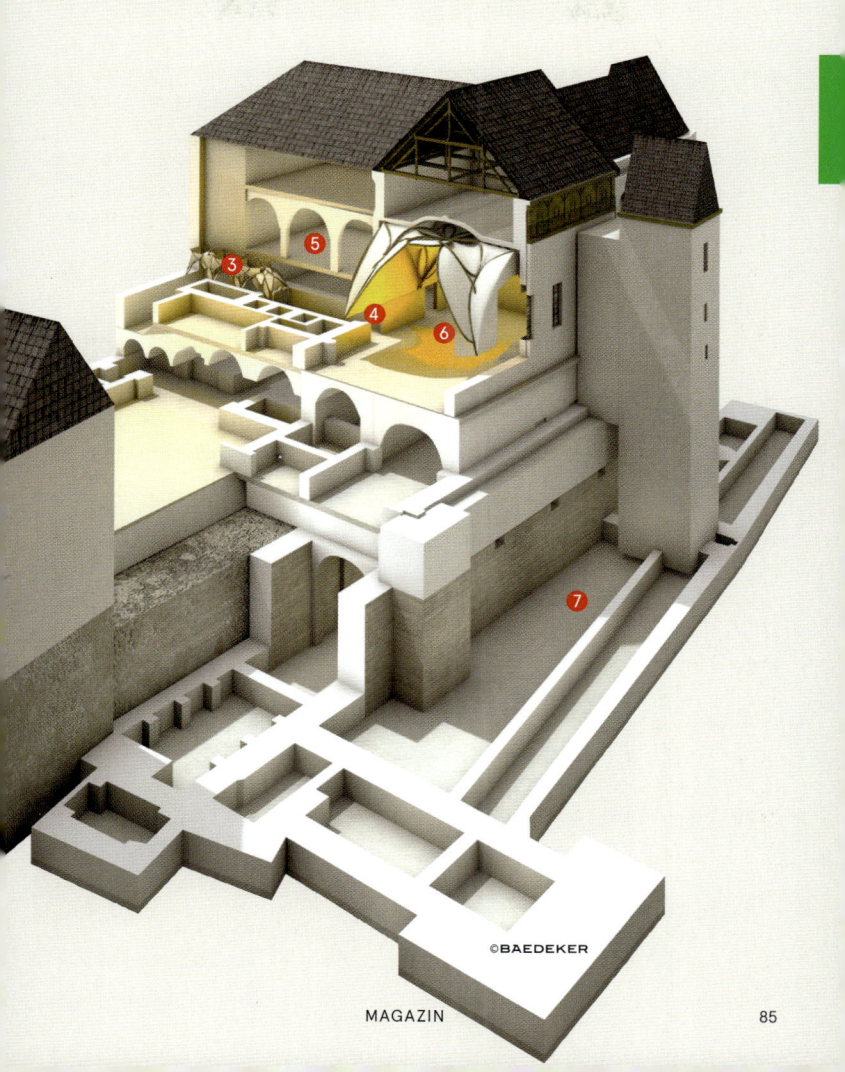

❸ ★★ Veitsdom
(Katedrála sv. Víta)

Warum?	Wer in der Burg ist, steht auch schon vor dem Dom …
Wann?	Am besten eine Stunde, bevor geschlossen wird.
Was tun?	Die Goldene Pforte und das silberne Grab entdecken.
Wie lange	Eine Stunde.
Was noch?	Für die Kronkammer mit Krone, Zepter und Reichsapfel braucht man sieben Schlüssel, die sieben Leute verwahren.

Als Kirche der böhmischen Könige und Habsburger Kaiser ist sie Wächterin von geheiligten Schätzen, die einstige politische Kämpfe symbolisieren. An der Kirche wurde mehr als 600 Jahre gearbeitet.

Der lange Weg

Die Arbeiten am Dom begannen 1344. Karl IV. hatte zuvor den Papst dazu bewogen, das Prager Bistum zum Erzbistum zu erheben. Als Baumeister wurde der päpstliche Architekt Matthias von Arras aus Avignon nach Prag berufen. Als dieser acht Jahre später starb, hinterließ er einen Grundriss im

Der Veitsdom, eine der großen gotischen Kathedralen Europas, hat seinen Platz hoch über der Moldau

86 HRADSCHIN, KLEINSEITE UND UMGEBUNG

Stil der französischen Spätgotik. Peter Parler übernahm mit 23 Jahren die Leitung und verlieh der Kirche ihren spätgotischen Flamboyant-Charakter. Später wurden unpassende Renaissance- und Barockelemente hinzugefügt, bis die Baumeister des 19. und 20. Jhs. wieder zu den ursprünglichen Plänen zurückkehrten. Die Kirche wurde offiziell 1929 zur 1000-jährigen Wiederkehr des Todestags des hl. Wenzel fertiggestellt. Die Arbeiten dauerten aber noch weitere 20 Jahre an.

Beim Blick auf den Dom ...
Der Kirchenbau ähnelt einem umgedrehten Schiff mit schwebenden Strebepfeilern und einem stark abgeschrägten Dach, das mit einem Rautenmuster verziert ist. An der Westfassade führen drei Bronzetüren ins Innere des Gotteshauses. Die Fassade zieren schlanke Türme, die das große Rosettenfenster über dem Hauptportal einrahmen. Bevor man die Kirche betritt, sollte man über den dritten Burghof schlendern, um die Südseite des Bauwerks zu würdigen. Hier wird der 96 m hohe gotische Südturm Parlers nur aus der Entfernung von dem 1770 hinzugefügten barocken Zwiebelhelm beeinträchtigt. Rechts des Turms befindet sich Parlers Goldene Pforte (Zlatá brána, 1367), ursprünglich das Hauptportal. Ein venezianisches Mosaik mit einer Darstellung des Jüngsten Gerichts schmückt das Tor. Der Chor bildet den östlichen Abschluss der Kirche und ist mit seinen himmelwärts gerichteten Strebepfeilern über fünf vieleckigen Kapellen das bewundernswerte und sehr französische Erbe von Matthias von Arras.

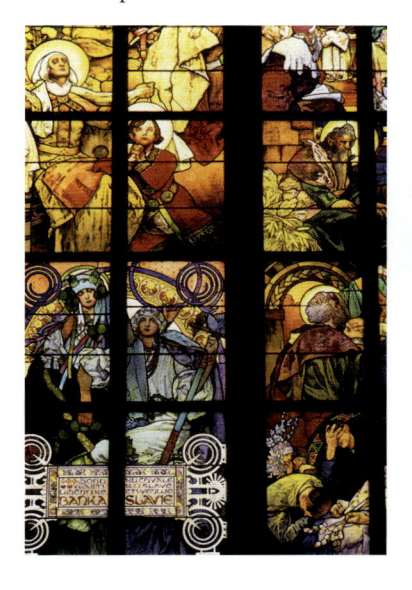

Detail des Jugendstilfensters von Alfons Mucha

... und nach dem Eintritt
Das Hauptschiff beeindruckt durch seine Höhe. Beleuchtet wird es vielfarbig durch die modernen Fenster aus Buntglas (Parler hatte Klarglas gewünscht). Bewunderer des Jugend-

Meisterwerk der Gotik

Obwohl der Grundstein bereits 1344 gelegt wurde, ist der Dom erst Anfang des 20. Jhs. vollendet worden. Besonders dem mit 23 Jahren zum Dombaumeister berufenen Peter Parler aus Schwäbisch Gmünd sind die architektonischen Highlights zu verdanken.

❶ Westliche Fassade: Die westliche Stirnwand wird von einer mächtigen Fensterrosette beherrscht, deren Durchmesser mehr als 10 m beträgt.

❷ Holzreliefs: Ein zweiteiliges Holzrelief von Kaspar Bechteler im Chorumgang zeigt *Die Flucht des Winterkönigs Friedrich von der Pfalz* aus Prag nach der verlorenen Schlacht am Weißen Berg. Sehenswert ist das Panorama der Moldau-Stadt von vor 1635, das viele interessante Details offenbart.

❸ Grabmal von Graf Leopold Schlick: Das marmorne Grabmal des Feldmarschalls Graf Leopold Schlick schuf Franz Maximilian Kaňka (1674–1766) nach einem Entwurf des Architekten Josef Emanuel Fischer von Erlach.

❹ St.-Wenzels-Kapelle: Die Wenzelskapelle ist der wertvollste Ort im Dom. Ein Sterngewölbe Peter Parlers krönt den quadratischen Grundriss. Hier werden die sterblichen Überreste des Heiligen aufbewahrt. Bedeutend ist die reiche Ausschmückung der Kapelle. Die Wände wurden mit über 1300 Edelsteinen belegt. Darüber befindet sich ein Passionszyklus. Ein weiterer Zyklus stellt 31 Szenen aus dem Leben des hl. Wenzel dar. Diese Arbeit wird dem Meister des Leitmeritzer Altars zugeschrieben.

5 <u>Goldene Pforte:</u> Die Stirnwand des Domeingangs der Südfassade ist mit einem Mosaikbild des Jüngsten Gerichts verziert, in dessen Mitte Jesus Christus in der Mandorla thront.

6 <u>Südlicher Domvorraum:</u> Drei spitze Torbögen der Goldenen Pforte öffnen sich in den südlichen Domvorraum, der zu den schönsten im ganzen Bau gehört. Peter Parler entlastete die gotischen Gewölberippen und ließ sie praktisch frei im Raum schweben.

Das Buntglasfenster des Chors wurde erst 1934 nach Entwürfen von Max Svabinsky hinzugefügt

stilmalers Alfons Mucha (S. 160) sind an seinem Fenster von 1931 in der dritten Kapelle an der Nordseite interessiert, auf dem Kyrill und Method abgebildet sind.

Der größte Schatz der Kirche ist die von Parler verzierte St.-Wenzels-Kapelle im südlichen Querschiff. Karl IV. wünschte die Glorifizierung des Nationalheiligen, um seine Position als böhmischer König zu stärken. Über dem Grabmal des Heiligen ließ er eine quadratische vergoldete Kapelle errichten, die mit Edelsteinen verziert wurde. So sollte der Eindruck des Neuen Jerusalem erweckt werden, wie es im Buch der Offenbarung steht: quadratisch, aus reinem Gold, wie aus klarem Glas (Offb. 21,18). Die Wandgemälde stellen Episoden aus dem Leben Wenzels dar. Darüber sind Szenen der Passion Christi zu erkennen. An der Südwand sieht man rechts eine Tür, die zur Kronkammer führt, wo Krone, Zepter und Reichsapfel aufbewahrt werden. Die sieben Schlüssel für die Tür bewahren sieben verschiedene Leute, darunter der Erzbischof und der Staatspräsident.

Um die Kapellen und den Chorumgang zu besichtigen, benötigt man das Kombiticket für die Prager Burg. Sehenswert ist das Grabmal des hl. Johannes Nepomuk aus reinem Silber. Auf dem Grabmal zeigt einer der geflügelten Engel auf das, was man einst für die abgetrennte Zunge des Heiligen hielt. Südlich des Chors liegt das Vladislav-Oratorium, 1490 errichtet nach Plänen von Benedikt Ried für König Vladislav Jagiello und durch einen Gang mit dessen Schlafzimmer im Alten Königspalast (S. 82) verbunden.

KLEINE PAUSE
Das **Café** im Freien bietet einfache Snacks und Getränke.

223 D4 ✉ Pražský hrad 🌐 www.katedralasvatehovita.cz 🕐 April–Okt. Mo–Sa 9–18, So 12–17, Nov.–März, Mo–Sa 9–16, So 12–16 Uhr 🚇 Metro Malostranská, Bus 22 🎫 Chorumgang, Chor, Krypta 250 Kč, mit Kombiticket für die Prager Burg 350 Kč; Hauptschiff, Wenzelskapelle frei

❼ ★★ Kloster Strahov
(Strahovský klášter)

Warum?	Allein die beiden Bibliotheken lohnen den Weg.
Wann?	Am besten gleich um 9 Uhr.
Was tun?	Trotz aller Bücher die Aussichtsterrasse mit Blick auf die Burg nicht vergessen.
Wie lange?	Eine Stunde.
Was noch?	Toll ist ein Besuch im Dachgartenrestaurant.
Resümee	Zwei Bibliothekssäle randvoll mit dem Wissen der Welt.

Zwei beeindruckende Bibliothekssäle sichern diesem Kloster eine herausragende Position unter Prags Barockmonumenten. Vladislav II. ließ das Kloster 1140 auf Wunsch des mährischen Bischofs von Ölmütz, Jindřich Zdík, erbauen. Die Bibliothek war von so großer Bedeutung, dass Kaiser Joseph II. 1783 auf die Auflösung des Klosters verzichtete. Während der sozialistischen Ära war es geschlossen. Inzwischen haben Mönche die Abteikirche, die Refektorien und die Gärten neu belebt.

Vladislav II. siedelte das Kloster an der Straße zur Prager Burg an, sodass es auch als Verteidigungsanlage dienen konnte. Geleitet wurde es von Mönchen des Prämonstratenserordens. Dessen Gründer, der hl. Norbert (1080–1134), hatte vor allem intensive Bibelstudien gefordert.

Fassade der Klosterkirche Mariä Himmelfahrt

In den Klosterhof gelangt man durch ein Barocktor von 1742, es wird gekrönt von einer Statue des hl. Norbert. Direkt hinter dem Eingang erhebt sich die kleine Gemeindekirche St. Rochus (1612) im Stil der Spätrenaissance, in der heute eine Kunstgalerie beheimatet ist.

Die Abteikirche Mariä Himmelfahrt (Nanebezvetí Panny Marie) aus dem 12. Jh. erhielt 1744 ihre barocke Form. Auf ihrer Orgel spielte 1787 kein Geringerer als Mozart.

KLOSTER STRAHOV

Das kostbare Strahov-Evangeliar aus dem frühen Mittelalter

Die mächtigen Walnussregale des Theologischen Saals stammen wie die Büchersammlung aus Louka (rechte Seite)

Staunen in der Bibliothek

Im ersten Stock befindet sich im Philosophischen Saal die größere der beiden Büchersammlungen. Er wurde gebaut, um die wissenschaftlichen und religiösen Sammlungen der Klosterbibliothek Louka in Mähren aufzunehmen, denn diese war von Joseph II. um 1785 geschlossen worden. Die Ausstattung des Saals wurde durch die Größe der mächtigen Bücherregale bestimmt. Die Deckenfresken (1794) des aus Langenargen am Bodensee stammenden Künstlers Franz Anton Maulbertsch sind ein allegorischer Tribut an die Suche nach Wahrheit. In den Glasvitrinen sind Insekten, getrocknetes Meeresgetier sowie zwei Walpenisse ausgestellt.

Der ältere und niedrigere Theologische Saal wurde 1671 geschaffen, um die Bibliothek zu ersetzen, die von der schwedischen Armee im Dreißigjährigen Krieg zerstört worden war. Auf die Pulte und Globen blicken Fresken des Mönchs Siard Nosecký herunter. Sie verkünden die Überlegenheit der göttlichen Weisheit über das menschliche Wissen. Der größte Schatz des Klosters ist die aus dem 9. Jh. stammende edelsteingeschmückte Strahov-Bibel.

KLEINE PAUSE
Kehren Sie für ein süffiges St. Norbert im Brauereilokal **Klášterní pivovar** im Klosterhof ein (S. 110).

✝ 222 B3 ✉ Strahovské nádvoří 1/132, Praha 1 ☎ 2 33 10 77 04 🌐 www.strahovskyklaster.cz ⏱ Bibliotheken tägl. 9–12 und 13–17 Uhr 🚌 22 Pohořelec 🎫 120 Kč

TRADIDIT SUUM
DUM DISIPAVIT
QUI ERRABA[T]

SAPIENTIA DIRECTRIX MORUM TUETUR RELIGIO

❽ ★★ Goldenes Gässchen
(Zlatá ulička)

Warum?	Die Häuschen sind so klein. Die muss man gesehen haben.
Wann?	Am besten vormittags, rund 30 Minuten.
Was tun?	Die Hausnummer 22 suchen.
Was noch?	Das Häuschen der Wahrsagerin Mathilda Průšová, die in der Zlatà von der SS verhaftet wurde.
Resumee	Wer will das nicht? Wie Alchemisten Blei zu Gold machen …

Das Gässchen ist weit über die Grenzen Prags hinaus bekannt geworden durch Alchimisten, Bettler und Poeten. Die heutige Gestalt der Straße innerhalb der Burg stammt von 1955. In den Häuschen finden sich auch Ausstellungen zum Leben in der Zlatà während der letzten fünf Jahrhunderte.

Fakten …
Die Gasse befindet sich etwas abgelegen in der Nordostecke der Burg, hinter dem St.-Georgs-Kloster (S. 102). Sie entstand im 16. Jh., als arme Geschäftsbesitzer und Handwerker vor einem Brand in der Stadt flüchteten und sich hier niederließen. Darunter waren auch Goldschmiede, nach denen die Gasse Zlatnická (Goldenes Gässchen) benannt wurde.

1916 verfasste Franz Kafka im heute blauen Häuschen seiner Schwester Olga (Nr. 22) sechs seiner besten Kurzgeschichten. Er beschrieb die Gasse sogar in dem unvollendeten Roman *Das Schloss* (S. 30). 1929 wohnte Jaroslav Seifert hier und schrieb etliche der Gedichte, die ihm später den Nobelpreis einbrachten.

… und Legenden
Deutsche Romantiker behaupteten im 19. Jh., im Goldenen Gässchen seien Alchimisten am Werk gewesen, um für Rudolf II. Blei in Gold zu verwandeln. Schnell wurde die Gasse als Alchimisten- oder Goldmachergässchen bekannt. Auch die Tschechen haben ihre Legenden, die sich um das Goldene Gässchen ranken. Beispielsweise die Folgende: Einer der Gefängnistürme, in denen die Händler ihre Waren an die

Das Goldene Gässchen mit seinen kleinen bunten Häuschen wirkt wie aus einer Miniaturausstellung entlehnt

Gefangenen verkauften, wurde vom noblen Ritter Dalibor heimgesucht. Der Adelige wurde dort gefangen gehalten, weil er im 15. Jh. einen Bauernaufstand angeführt hatte. Um sich seine Langeweile während der Haft zu vertreiben, lernte er angeblich das Geigenspiel. So konnte man hier traurige Melodien hören, und zwar auch noch, nachdem Dalibor hingerichtet worden war ... Das in der Legende auftauchende Wort *housle* bedeutet aber auch Folterbank. Geigenspiel oder Schmerzensschreie – einige Prager sind fest davon überzeugt, dass aus dem Goldenen Gässchen insbesondere nächtens wundersame Geräusche dringen.

Am westlichen Ende des Goldenen Gässchens führen am Haus Nr. 24 Treppen zu einem überdachten Gang, der nach Westen zum Hauptgefängnis der Burg verläuft, dem Weißen Turm (Bílá věž). Der Turm am anderen Ende ist der von Geistern geplagte Daliborka-Turm, in dem Dalibor auf seiner Geige gespielt haben soll.

KLEINE PAUSE
Es gibt ein nettes **Café** im Freien auf dem Hof zwischen dem Daliborka-Turm und dem Schwarzen Turm (Černá věž).

✝ 223 D4 ✉ Zlatá ulička ☎ Informationsbüro der Burg: 2 24 37 24 23 ⊕ www.hrad.cz ⏱ April–Okt. tägl. 5–17 Uhr; Nov.–März 9–16 Uhr 🚇 Metro Malostranská, Bus 22 🎫 mit Kombiticket für die Prager Burg 350 Kč

❷❹ Gärten der Prager Burg
(Zahrady)

Warum?	Das schönste Grün der Stadt.
Wann?	Mittags hat man am meisten von der Sonne.
Was tun?	Spazierengehen, Picknicken, Ausblicke genießen.
Wie lange?	Nach Lust und Laune, no limits ...
Was noch?	Die Singende Fontäne nicht vergessen.

Die Gärten der Prager Burg sind aufgrund ihrer Gestaltung und der herrlichen Aussichtsmöglichkeiten auf Prag und die Burg selbst ein Genuss. Zum Glück sind sie selten überlaufen und eignen sich perfekt für eine Pause während der Burgbesichtigungstour.

Entspanntes Spazieren im Königsgarten

Der eleganteste Garten liegt nördlich der Burg, jenseits der Pulverbrücke (Pražný most) aus dem 16. Jh. Man erreicht sie durch das Nordtor im zweiten Burghof. Die Brücke überquert den Hirschgraben (Jelení příkop). In diesem breiten, bewaldeten Graben pflanzten die Habsburger Zitronen- und Feigenbäume und hielten Wild. Gegenüber dem Eingang zu den Gärten liegt die barocke Reitschule (Jízdárna) aus dem 17. Jh., ein schlichter Bau.

Der Königsgarten, 1534 von Ferdinand I. angelegt, hat einen angemessen königlichen Charakter: Springbrunnen zwischen makel-

Vom Wallgarten reicht der Blick über die Altstadt bis zum Laurenziberg

HRADSCHIN, KLEINSEITE UND UMGEBUNG

Die allegorische Figur *Die Nacht* von Antonin Braun vor dem Ballhaus im Königsgarten

losen Rasenflächen, umgeben von Mandelbäumen, Azaleen und einer spektakulären Tulpenpracht im Frühling. Tulpen gab es hier übrigens schon 1551 – und damit einige Jahre früher als in Holland. Sie wurden aus Samen gezüchtet, die der österreichische Botschafter vom türkischen Sultanshof mitgebracht hatte.

Auf der nördlichen Terrasse steht das Ballhaus, der Renaissancepavillon Míčovna aus dem 16. Jh. Hier vertrieben sich die Habsburger mit einem Vorläufer des Federballspiels die Zeit. Die Fassade ist mit Sgraffiti und einem Fries mit allegorischen Figuren verziert. Vor dem Pavillon steht die Skulptur *Die Nacht* (1734) von Matthias Braun. Rechts vom Pavillon erhebt sich das Königliche Haus (Zahradní dům). Es stammt aus dem 18. Jh. und verfügt über einige moderne Ergänzungen. Im Osten steht das Belvedér, das Sommerschlösschen der Königin Anna, von Ferdinand I. im Stil der Renaissance errichtet. Das Zentrum der Gartenterrasse, ein Renaissance-Giardinetto, bildet Francesco Terzios Singende Fontäne (Zpívající fontána, 1568). Man kann ihre Musik hören, wenn das Wasser von einem Becken ins nächste fließt.

Von fast überall in den Königsgärten hat man einen guten Ausblick auf die Burg, doch die Gartenterrasse des Belvedér ist der beste Ort, um die Befestigungen mit dem Daliborka- und dem Weißen Turm (S. 95) und vor allem die Nordseite und den Chor des Veitsdoms (S. 86) zu bewundern. Zudem hat man von hier eine herrliche Sicht auf die Moldaubrücken.

Mythische Helden zieren die *Singende Fontäne*

Südliche Gärten

Die südlichen Gärten erreicht man von der Burg her über eine moderne Treppe mit Kupferdach, die aus der Südostecke des dritten Burghofs herunterführt. Der slowenische Architekt Josip Plečnik leitete die Renovierungsmaßnahmen im 20. Jh.; er legte die Treppe so an, dass man von den Balkonen auf dem Weg nach unten in einer geraden Linie über die Kleinseitner Nikolauskirche (S. 100) und die Moldau zur Burg Vyšehrad (S. 166) blicken kann.

Eigentlich befand sich an der Stelle des Wallgartens (Zahrada na valech) nur ein einziger Streifen eines geometrisch angelegten Barockgartens. Dieser verlief entlang der gesamten Südfassade der Burg. Der Garten wurde in einen Park umgewandelt. Von der Treppe führt eine Promenade zu einer großen, halbrunden Aussichtsterrasse. Unterhalb des Alten Königspalasts (S. 82) markiert ein Denkmal die Stelle, an der die Statthalter 1618 nach ihrem Sturz aus dem Fenster landeten (S. 24). Zudem gibt es eine alpine Baumschule, ein Vogelhaus, eine Laube und weitere Pavillons. Am westlichen Ende ließ man ein Stück des Barockgartens übrig.

Hinter dem Samsonbrunnen erstreckt sich ein kleinerer Paradiesgarten (Rajská zahrada) mit einem Granitbecken, gehauen aus einem Monolith. An der Rückseite führt eine monumentale Treppe zum Hradschiner Platz (S. 104) hinauf.

KLEINE PAUSE

U Prasneho Mostu 51/6
tägl. 8-18 Uhr
☎ 7 39 18 85 10

Das Restaurant **Lví dvůr** (Löwenhof) liegt am Eingang zu den Königsgärten im ehemaligen Privatzoo von Rudolf II. Der Kaiser ließ die Käfige im Winter beheizen, damit seine geliebten Luchse, Leoparden, Löwen und Wölfe nicht frieren mussten.

ℹ ✝ 223 D4 ✉ Pražský hrad
☎ 2 24 37 24 23 ⊕ www.palacvezahrady.cz ⏱ April–Okt. tägl. 10–18 Uhr 🚇 Südliche Gärten: Malostranská; Königsgarten: Hradčanská

🚋 Südliche Gärten: 12, 22 Malostranské náměstí; Königsgarten: 2, 8, 18 Prazný most
🎫 frei, außer bei Konzerten und Ausstellungen

㉕ Kleinseitner Ring
(Malostranské náměstí)

Warum?	Einer der wunderbarsten Plätze Prags.
Wann?	In der aufkommenden Dämmerung hat der Platz eine mystische Atmosphäre.
Was tun?	Staunen über die Niklaskirche und die Prachtbauten im Rokoko- oder Barockstil.
Wie lange?	Mit Kirchenbesuch etwa eine Stunde.
Resümee	Niklaskirche – ein Dientzenhofer-Familienwerk.

Dieser gepflasterte Platz ist das Zentrum des öffentlichen Lebens auf der Kleinseite (Malá Strana). Einst war er auch eine wichtige Etappe des Königswegs, auf dem die Monarchen aus der Altstadt über die Karlsbrücke zur Burg zogen.

Ein Feuer zerstörte 1541 die bescheidenen Häuser am Platz. Hier wohnten hauptsächlich Protestanten, die während des Dreißigjährigen Kriegs vertrieben wurden. Um die Macht der katholischen Kirche zu unterstreichen, begannen die Jesuiten und ihre Gefolgsleute Ende des 17. Jhs. damit, den Kleinseitner Ring in eine geistige Festung der Gegenreformation umzuwandeln. Sie schufen das Dekor der vorwiegend klassizistischen Fassaden rund um eine reich verzierte Barockkirche, die sich an ein Jesuitenkolleg anschloss.

Palais Liechtenstein
Das Palais Liechtenstein beherbergt heute die Prager Musikakademie, die hier gelegentlich Konzerte und Ausstellungen veranstaltet. In der Prager Geschichte hat das Palais jedoch eine weniger glorreiche Rolle gespielt. Sein Eigentümer Karl von Liechtenstein ging als derjenige kaiserliche Statthalter der Habsburger in die Geschichtsbücher ein, der 1621 die Hinrichtung von 27 tschechischen Protestanten befahl.

Imposante Paläste am Kleinseitner Ring

1648 wurde das Palais von den Kommandeuren der schwedischen Besatzungsarmee beschlagnahmt. Exakt 200 Jahre später machte der Habsburger Feldmarschall Alfred Windischgrätz das Palais zu seinem Hauptquartier, um die Prager Revolte von 1848 zu unterdrücken.

Kleinseitner Niklaskirche

Herzstück der Kleinseite ist die Kirche St. Niklas aus dem 18. Jh. Mit ihrer leicht geschwungenen Westfassade, der kolossalen Kuppel und dem Glockenturm zählt sie zu den schönsten barocken Baudenkmälern Prags. Der Entwurf war eine Familienangelegenheit: Der aus Bayern stammende Christoph Dientzenhofer schuf Fassade und Hauptschiff, sein Sohn Kilian Ignaz begann mit dem Dach, dem Chor und der Kuppel im Jahr 1737. Der Glockenturm schließlich wurde 1755 von Anselmo Lurago hinzugefügt, dem Schwiegersohn von Ignaz.

Das mit Stuckmarmor und Skulpturenschmuck verzierte Innere des Gotteshauses gilt als Musterbeispiel des Hochbarock. Kirchenschiff und Chor bestehen aus zahlreichen Ellipsen. An der Decke des Hauptschiffs ist das riesige Gemälde *Die Apotheose des hl. Nikolaus* von Lukas Kracker zu sehen. In der Kirche finden Konzerte statt.

Im riesigen Langhaus der Niklaskirche herrscht ein überwältigender Eindruck von Licht und Bewegung, dem die von Dientzenhofer geschaffene Kuppel folgt

KLEINE PAUSE
Ums Eck gibt es in einer der ältesten Konditoreien, **U Bílého Preclíku** von 1678 in der Karmelitská 12, süße Köstlichkeiten, kleine Gerichte und den Namensgeber: weiße Brezeln.

✝ 223 D3 ✉ Malostranské náměstí
☎ 2 57 53 42 15 🌐 www.stnicholas.cz
🕐 Niklaskirche: Führung und Öffnung März–Okt. tägl. 9–17, Nov.–Feb. tägl. 9–16 Uhr 🚇 Metro Malostranská; Bus 2, 12, 15, 18, 20, 22 🎫 Niklaskirche: 70 Kč, Glockenturm: 90 Kč

100 HRADSCHIN, KLEINSEITE UND UMGEBUNG

Magischer Moment

Wohltuende Entspannung

Ein süßlich fruchtiger Duft, angenehme Wärme und leicht gedimmtes Licht: Mal sanft, mal kräftig wird der Körper massiert – Entspannung pur. Und wenn die Örtlichkeit eine ehemalige Kapelle aus dem 14. Jh. ist, dann kommt durch die Architektur auch noch etwas Besonderes hinzu – wie hier im Spa des »Mandarin Oriental« (S. 211).

Nach Lust und Laune!

26 Basilika und Kloster St. Georg (Bazilika & klášter sv. Jiří)

Hinter ihrer ansehnlichen, rostbraun gefärbten Fassade offenbart sich die neben dem gotischen Veitsdom zweite Kirche der Prager Burg als die ältere. Der Bau der romanischen Basilika geht auf das Jahr 1142 zurück. Das lange schmale Schiff führt über eine etwas befremdlich wirkende, aber nicht unpassende barocke Doppeltreppe zum Chor. Rechts vom Chor schließt sich die Grabkapelle der hl. Ludmilla an; sie war Böhmens erste christliche Märtyrerin und Großmutter des hl. Wenzel. In der Krypta finden sich die Gräber der ersten Äbtissinnen des Klosters. Auf dem Altar steht eine makabre allegorische Skulptur der Eitelkeit aus dem 16. Jh. mit Schlangen und Eidechsen, die durch die Eingeweide eines Heiligen kriechen. Die Basilika bietet eine schöne Atmosphäre für klassische Konzerte.

Nebenan liegt das klášter sv. Jiří aus dem Jahr 973. Das Kloster wurde 1782 von Kaiser Joseph II. geschlossen und ist heute Teil der Nationalgalerie. Gezeigt wird böhmische Kunst des 19. Jahrhunderts.

✝ 223 D4 ✉ Jiřské náměstí 33, Pražský hrad
☎ 2 24 37 24 34 🌐 www.hrad.cz
🕐 April–Okt. tägl. 9–17, Nov.–März bis 16 Uhr
🚌 22 Pražsky hrad 💰 mit Kombiticket für die Prager Burg 350 Kč

Leben und Werk des Schriftstellers stehen im Mittelpunkt des Franz Kafka Museums

27 Palais Lobkowitz (Lobkovický palác)

Eine Attraktion der Burg ist ein privates Museum, das von den Nachfahren der Familie Lobkowitz betrieben wird und den Besitz der Adelsfamilie über die Jahrhunderte zeigt. Zu den Ausstellungsstücken zählen unter anderem Arbeiten von Pieter Brueghel dem Älteren und Velázquez. Der Eintrittspreis ist nicht im Kartenpreis für die Burg enthalten. Das Museum hat ein gutes Café und ein kleines Restaurant.

✝ 222 ☎ 3 ✉ Jiřská 3 C2 33 31 29 25
🌐 www.lobkowicz.cz 🕐 tägl. 10–18 Uhr 🚇 Metro Malostranská; Bus 22 nach Pražský hrad 💰 275 Kč

28 Kleinseitner Brückentürme (Malostranská mostecká věž)

Der befestigte Torbogen auf der linken Moldauseite der Karlsbrücke (S. 44) wird von zwei Türmen flankiert. Der kleinere wurde 1166 errichtet und war Teil der früheren Judithbrücke. Wandgemälde und das Renaissancedach kamen im 16. Jh. hinzu. Der größere Turm (1464) ähnelt dem Altstädter Brückenturm auf der anderen Flussseite – durch sein keilförmiges Dach, die Türmchen und den Wehrgang. Außer einer guten Sicht über die Kleinseite und die Moldau bietet der Turm eine Ausstellung über die Brücke und das von Mythen umrankte Leben des hl. Johannes Nepomuk.

༾ 223 E3 ✉ Karlův most ☎ 607 050 434 ⏱ Nov.–Feb. tägl. 10–18, März u. Okt. bis 20, April–Sept. bis 22 Uhr 🚌 2, 12, 15, 18, 20, 22 🎟 Turm 90 Kč

29 Franz Kafka Museum

Begeben Sie sich mithilfe multimedialer Präsentationstechniken – Töne, Projektionen, Spiegel, Filmmaterialien und Lichteffekte – auf eine Reise durch das Leben und die Fantasiewelt des Autors. Ausstellungsstücke zum jüdischen Viertel von Prag, zu Kafkas Familienkreis, seiner Freundschaft zum zeitgenössischen Autor Max Brod, seiner krankhaften Ruhelosigkeit und seinem schwierigen Verhältnis zu Frauen bilden die Szenerie für eine Folge gespenstischer Installationen. Dazu zählen schwarze Aktenschränke mit den Namen der Figuren Kafkas, Insektengeräusche und Stacheldraht. Es gibt auch Erstausgaben des Dichters (S. 30).

༾ 223 E3 ✉ Cihelná 2b ☎ 2 57 53 53 73 🌐 www.kafkamuseum.cz ⏱ tägl. 10–18 Uhr 🎟 200 Kč 🚇 Malostranská

30 Kampa

Die malerische kleine Moldauinsel wird als das Venedig von Prag bezeichnet. Man erreicht sie von der Karlsbrücke über einen Treppenabgang. Ein Arm der Moldau, Čertovka (Teufelsbach) genannt, trennt die Insel von der Kleinseite und trieb einst Wassermühlen an.

Na Kampě heißt der Platz südlich der Karlsbrücke. Er wird von einigen schönen Häusern aus dem 18. Jh. gesäumt. Besonders sehenswert ist die Nr. 7, das Haus Zum goldenen Löwen (Dům u Zlatého lva).

༾ 223 E2 🚌 Bus 12, 15, 20, 22

31 St. Maria de Victoria (Kostel Panny Marie Vítězné)

Die unauffällige Kirche aus dem 17. Jh. ist eine der Touristenattraktionen der Kleinseite. Sie wurde ursprünglich von deutschen Lutheranern erbaut und 1624 dem Karmeliterorden vermacht. Dieser wandelte die Kirche in ein Denkmal für den Sieg am Weißen Berg (Bílá Hora) um. Was fromme Pilger und Anhänger von Kitsch viel mehr anlockt, ist das Jesuskind von Prag (Pražské Jezulátko). Diese Wachspuppe wurde 1628 nach Prag gebracht und war Teil der Mitgift einer spanischen Braut. Man sagte der Puppe Wunderkräfte nach, deshalb wurden ihr massenhaft luxuriöse kleine Kostüme aus allen Teilen der Welt geschickt. Die Kleider aus Sei-

Drei gekreuzte Violinen zieren die Fassade des Hauses Zu den drei Geigen auf der Nerudova

de, Samt und Spitzen werden zusammen mit prachtvollem Schmuck in einem kleinen Museum ausgestellt. Das Museum befindet sich an einer Wendeltreppe im südlichen Seitenschiff der Kirche.

✠ 223 D3 ✉ Karmelitská 9
☎ 2 57 53 36 46 🌐 www.pragjesu.cz
🕐 Mo–Sa 8.30–19, So 8.30–20 Uhr
🚌 12, 15, 20, 22 🎟 Museum: frei

32 Nerudagasse (Nerudova)

Einst verband diese Hauptstraße die Burg mit der Stadt. Deshalb trifft man hier auf einige der schönsten Barockpaläste und Herrenhäuser Prags. Die Straße wurde nach Jan Neruda benannt, einem tschechischen Schriftsteller des 19. Jhs. Er schuf Darstellungen des Lebens im Künstlerviertel der Kleinseite. Wenn man vom Kleinstädter Ring kommt, fällt zuerst das elegante Palais Morzin (Morzinský palác; Nr. 5, jetzt die Rumänische Botschaft) ins Auge. Zwei gigantische Mohren von Ferdinand Maximilian Brokoff stützen den verzierten Balkon. Auf der anderen Straßenseite ist die italienische Botschaft (Nr. 20) untergebracht. Das imposante Palais Thun-Hohenstein (Thun-Hohenštejnsky palác) stammt aus dem Jahr 1725. Im Haus Zu den zwei Sonnen (Dům u Dvou slunců; Nr. 47), wohnte Neruda selbst.

✠ 222 C3 ☎ 3 G2, 12, 15, 18, 20, 22

33 Hradschiner Platz (Hradčanské náměstí)

Das verheerende Feuer von 1541 zerstörte die Häuser der Handwerker und die Fleischerläden. Sie wurden durch Paläste des böhmischen und ausländischen Adels ersetzt. Auf der Südseite verdient besondere Beachtung das verzierte Palais Schwarzenberg (Schwarzenberský palác) mit seinem steilen Dach und ausgefeiltem Sgraffitodekor, das geschnittene Steine imitiert. Das Design des Museums für Barockkunst bildet einen Kontrast zum Erzbischöflichen

Ein Schwan im prächtigen Hauszeichen über einer Tür auf der Nerudova

Palais (Arcibiskupský palác; Nr. 16) im Stil des Rokoko gegenüber auf der anderen Seite des Platzes.

Das Palais Martinitz (Martinický palác) ist ein malerischer Renaissance-Umbau von drei gotischen Häusern. Die Sgraffiti zwischen den Fenstern im ersten Stock zeigen biblische und mythologische Szenen. Im Palais Sternberg (Šternberksý palác; Nr. 15) aus dem 18. Jh. wird eine kleine Sammlung alter europäischer Meister der Nationalgalerie gezeigt, darunter finden sich u. a. Albrecht Dürers *Rosenkranzfest* sowie Werke von Tintoretto, Bronzino, Simon Vouet, El Greco, Goya, Rembrandt, Rubens, Frans Hals, Jan van Goyen und Jan Steen.

Eine prächtige Außendekoration gehört zum Loreto-Heiligtum

✠ 222 C4 ☎ Museum Palais Sternberg: 2 33 09 05 70 ⊕ www.ngprague.cz ⏱ Di–So 10–18 Uhr 🚌 22 🎫 Museum Palais Sternberg 300 Kč

34 Loreto-Heiligtum (Loreta)

Das Loreto-Heiligtum ist eine von ca. 50 Loreto-Pilgerstätten in ganz Böhmen. Sie wurden während der Gegenreformation angelegt, um das Land nach der Niederlage der Protestanten am Weißen Berg zu rekatholisieren. Im Kreuzgang steht eine Kopie der sogenannten Casa Santa (Heiliges Haus) der Maria. Auf wundersame Weise gelangte es angeblich zunächst nach Italien und dann als Kopie überall dorthin, wo der Glaube ein wenig Nachhilfe benötigte. Im Schrein befindet sich eine hölzerne Schwarze Madonna mit Kind und daneben eine Geburtskirche, in der die schrecklichen Martyrien verschiedener weiblicher Heiliger dargestellt werden.

Christoph Dientzenhofer und sein Sohn Kilian Ignaz schufen 1722 die monumentale Barockfassade des Kreuzgangs, die zum Platz hin weist. Zur vollen Stunde ertönt im Turm ein Glockenspiel.

✠ 222 B4 ✉ Loretánské náměstí 7 ☎ 2 20 51 67 40 ⊕ www.loreta.cz ⏱ April–Okt. tägl. 9–17, Nov.–März 9.30–16 Uhr 🚌 22 🎫 150 Kč

35 Schloss Troja (Trojský zámek)

Das Barockschlösschen im französischen Stil liegt im Norden Prags. Es wurde 1685 von Jean-Baptiste Ma-

NACH LUST UND LAUNE!

Schloss Troja und seine Außenanlagen spiegeln die Vorliebe des Barock für guten Lebensstil

they für die Familie Sternberg errichtet und liegt inmitten von Gärten, die ebenfalls im französischen Stil erhalten blieben. Mathey entwarf eine monumentale Freitreppe, Schloss Fontainebleau in Frankreich nachempfunden. Belebt wird die Szenerie durch Skulpturen kämpfender Giganten von Georg und Paul Hermann. Im Inneren gibt es einige extravagante Deckenfresken, welche die Siege der Habsburger über die Türken feiern.

✣ 220 B5 ✉ U Trojského zámku 1
☎ 2 83 85 16 14 ⊕ www.ghmp.cz ⏱
April-Okt. Sa-Do 10-18, Fr 13-18 Uhr
🚌 Metro Nádraží Holešovice, dann Bus 112 oder per Schiff vom Anleger an der Palackého most 🎫 Park: frei; Schloss: 120 Kč

36 Messepalast (Veletržní palác)

Das riesige funktionalistische Gebäude aus dem Jahr 1928 entstand ursprünglich als Teil eines großzügigen Messekomplexes, wurde dann in ein Museum für moderne Kunst umgewandelt.

In sechs Stockwerken, die auch durch einen Lift miteinander verbunden sind, werden eine erlesene Dauerausstellung und gelegentliche Wechselausstellungen gezeigt. Aus der Riege der tschechischen Künstler sind der abstrakte Meister František Kupka, der Bildhauer František Bílek sowie die Kubisten Emil Filla, Bohumil Kubišta und Josef Čapek mit zahlreichen Werken vertreten. Ferner sind Werke großer europäischer Künstler zu sehen, darunter Rodin, Renoir, Van Gogh, Henri Rousseau, Picasso, Matisse, Klimt, Schiele und Munch.

✣ 220 D1 ✉ Dukelských Hrdinů 47, Holešovice ☎ 2 24 30 11 11 ⊕ www.ng-prague.cz ⏱ Di-So 10-18 Uhr 🚌 Bus 6, 12, 17 🎫 250 Kč

🚇 222 C2 ❶ Petřínská rozhledna (120 Kč) und Spiegelkabinett (90 Kč) ❷ tägl. April–Sept. 10–22, Okt./ März 10–20, Nov.–Feb. 10–18 Uhr 🌐 www.petrinska-rozhledna.cz; Planetarium (65 Kč), Öffnungszeiten: www.obser vatory.cz 🚌 22 🚠 Drahtseilbahn: Es gilt das reguläre Metro-, Straßenbahn- und Busticket.

Miniaturausgabe des Eiffelturms im Mondlicht

37 Laurenziberg (Petřín)

Prags größter Park ist ein bewaldeter Hügel, der sich vom Kloster Strahov (S. 91) südostwärts bis zur Kleinseite (Malá Strana) erstreckt. Vom Klostergarten geht man an der alten Hungermauer (Hladová zed) entlang. Sie wurde im 15. Jh. errichtet, um die Stadt nach Süden zu schützen und Arbeit für die Armen zu schaffen. In südöstlicher Richtung passieren Sie den Rozhledna, eine Miniaturversion des Eiffelturms von 1891, gerne auch liebevoll Petřín genannt, und Bludiště, eine Miniaturburg im gotischen Stil mit einem Spiegelkabinett im Inneren. Direkt hinter der Drahtseilbahn liegen der Rosengarten (Růžový sad) und das Planetarium (Štefánikova hvězdárna).

Die Drahtseilbahn bringt Sie zurück zur Kleinseite an die Újezd mit Tram-Anschluss.

38 Palais Lobkowitz (Lobkovický palác)

In der Vlašská ulice 19 befindet sich das Barockpalais Lobkowitz (Lobkovický palác; nicht verwechseln mit dem gleichnamigen Palais in der Prager Burg), in dem die Deutsche Botschaft residiert. Im Spätsommer 1989 kam es hier zu einem historischen Ereignis: Ostdeutsche Flüchtlinge kletterten in den Botschaftsgarten und zelteten dort, während sie auf die Ausreiseerlaubnis in den Westen hofften. Ihre Trabis ließen sie in den umliegenden Straßen zurück. Die Regierungen der DDR und der Tschechoslowakei genehmigten die Ausreise – wenig später fiel die Berliner Mauer. Heute kann man vom Park auf dem Laurenziberg die Rückfassade der Botschaft sehen, die Giovanni Battista Alliprandi 1713 schuf. Im Garten steht unterhalb des »Genscher-Balkons« ein bronzefarbener Trabant auf vier Beinen, David Černýs Skulptur *Quo Vadis?*. Balkon und Skulptur sind von außen zu sehen: Am Botschaftseingang bergauf, am Spielplatz links und dem Weg folgen bis zum ersten Tor.

Wohin zum ... Essen und Trinken?

PREISE

für ein Abendessen inkl. Getränke, Steuer und Service:
€ unter 400 Kč
€€ 400–800 Kč
€€€ über 800 Kč

RESTAURANTS

Altány Kampa €
Das Restaurant liegt rund 300 m von der Karlsbrücke entfernt, ganz in der Nähe des Kampa-Museums. Es bietet gute und günstige Tagesgerichte, tschechisch und international. Für Museumsbesucher gibt es Kuchen und Kaffee am Nachmittag.
✢ 223 D2 ✉ Nosticova 2 ☎ 2 57 00 76 81 ⊕ www.altanykampa.cz ⦿ tägl. 11–23, April–Sept. bis 24 Uhr 🚋 Tram 12, 20, 22

Aquarius €€
Das Interieur mag mit den vielen Kerzen und Schnickschnack ein wenig überladen wirken, der Gesamteffekt ist aber dennoch in sich schlüssig und romantisch. Gute italienische Küche und eine hervorragende Weinkarte – der richtige Ort für ein besonderes Essen.
✢ 223 D3 ✉ Tržiště 19 ☎ 2 57 28 60 19 ⊕ www.aquarius-prague.com ⦿ tägl. 12–15 und 19–23 Uhr 🚋 Tram 22

Baráčnická rychta €
Steigen Sie die steile Straße oberhalb der US-Botschaft hinauf zu diesem vollkommenen tschechischen *hospoda*: dunkel, warm und einladend mit viel Holz und so viel Schweinshaxe und Bier, wie Sie vertragen. Der Apfelstrudel mit Zimt ist hervorragend. Sehr gemütliches und günstiges Restaurant für ein gutes Essen. An Wochenenden spielt häufig eine Band. Kleine Terrasse.
✢ 223 D3 ✉ Tržiště 23 ☎ 2 57 28 60 83 ⊕ www.baracnickarychta.cz ⦿ tägl. 11–22.30 Uhr ⊕ Malostranská 🚋 Tram 12, 15, 20

Café Savoy €€
Das Restaurant gehört zur beliebten Ambiente-Kette, die hervorragendes Essen und einen entsprechenden Service garantiert. Auf der Speisekarte finden sich internationale Gerichte, lecker ist aber beispielsweise auch der böhmische Klassiker Svíčkova (Rinderbraten in Sahnesauce mit Knödeln und Preiselbeeren). Sehr schöne Atmosphäre!
✢ 223 D1 ✉ Vítězná 5 ☎ 2 57 31 15 62 ⊕ www.ambi.cz ⦿ Mo–Fr 8–22.30, Sa–So 9–22.30 Uhr 🚋 Tram 9, 12, 15, 20

Hergetova Cihelná €€€
Dieses nette Restaurant auf der Insel Kampa bietet seinen Gästen einen großartigen Blick über die Moldau und auf die Karlsbrücke. Auf der Speisekarte steht eine große Auswahl an Salaten, Fleisch und Fisch. Reservieren Sie, wenn Sie auf der Terrasse sitzen wollen.
✢ 223 E3 ✉ Cihelná 2b ☎ 2 96 82 61 03 ⊕ www.kampagroup.com ⦿ tägl. 11.30–1 Uhr ⊕ Malostranská

Terrasse des Kampa Park an der Moldau

Kampa Park €€€
Die ist eines der führenden Restaurants der Stadt. Hier sollten Sie herkommen, wenn Sie sich einen besonderen Abend gönnen wollen. Hochwertige europäische Küche, Spitzenweine und -service und bei schönem Wetter ein Tisch auf der Terrasse haben allerdings ihren Preis. Reservierung erforderlich.
✢ 223 E2 ✉ Na Kampě 8b ☎ 2 57 53 26 85 ⊕ www.kampagroup.com ⦿ tägl. 11.30–1 Uhr 🚋 Tram 9, 22

Konírna €
Das Gulasch wird mit Räucherwürstchen und Semmelknödel gereicht, ein Rezept seiner Oma, sagt Küchenchef Martin Slezák. Für zwei oder vier Personen sind die Fleischspieße: Alle Gäste schauen, wenn die Riesenspieße mit vollgeladener Bratenkasserolle serviert werden.
♱ 223 D3 ✉ Maltézske náměstí 10
☎ 2 57 53 41 21 ⊕ www.konirna.eu ❶ tägl. 11–24 Uhr 🚋 Tram 12, 15, 20, 22

Im Pálffy Palác

Malostranská Beseda €
In einem Gebäude aus dem 17. Jh. ist im Erdgeschoss ein Restaurant untergebracht, das gute lokale Küche anbietet. Unter Gewölben speist man preiswert an einfachen Holztischen.
♱ 223 D3 ✉ Malostranské náměstí 21
☎ 2 57 40 91 12 ⊕ www.malostranska-beseda.cz ❶ tägl. 11–23 Uhr 🚋 Malostranská; 🚋 Tram 12, 15, 20, 22

Nebozízek €€
Das historische Lokal serviert feine landestypische Küche: Wild, Ente, Schwein und Palatschinken. Doch der Hauptgrund, hier einzukehren, ist der fantastische Blick über Prag und auf die Burg. Reservierung ist empfehlenswert.
♱ 222 C2 ✉ Petřínské sady 411 ☎ 2 57 31 53 29
⊕ www.nebozizek.cz ❶ tägl. 12–23 Uhr
🚋 Tram 12, 15, 20, 22 nach Újezd, dann mit der Seilbahn zum Laurenziberg den halben Weg hoch

Noi €
Das thailändische Restaurant wird seit dem Tag seiner Eröffnung 2008 gelobt. Gefallen finden das Dekor im Zen-Stil sowie die ruhige Gartenterrasse. Das Noi bietet authentische thailändische Gerichte zu fairen Preisen. Viele Hauptgerichte sind auch in der vegetarischen Version erhältlich.
♱ 223 D2 ✉ Újezd 19 ☎ 2 57 31 14 11 ⊕ www.noirestaurant.cz ❶ tägl. 11–1 Uhr 🚋 Tram 12, 15, 20, 22

Pálffy Palác €€€
Das reizvoll kitschig wirkende Palais Pálffy beherbergt eine Musikschule. Zudem hat es die romantischsten Restauranträumlichkeiten der Stadt, geräumig und mit roten Wänden. Der Brunch ist sehr beliebt. Abends ist die Speisekarte modern. So gibt es z. B. Hühnchenbrust gefüllt mit Shiitake-Pilzen in Estragonsauce.
♱ 223 E4 ✉ Valdštejnská 14 ☎ 2 57 53 05 22
⊕ www.palffy.cz ❶ Mi–Sa 11–23 Uhr

Rybářský klub €€
So gut wie alle Fische, die in einem heimischen tschechischen Fluss oder See schwimmen, werden Ihnen dort serviert. Der Hecht in einer schwarzen Sauce und der Flussaal sind die Spezialitäten des Hauses. Und natürlich darf auch der Nationalfisch, der Karpfen, nicht fehlen. Das Restaurant besitzt das angenehme, solide Flair eines Angler-Clubhauses. Im Sommer stehen vier oder fünf kleine Tische direkt am Fluss.
♱ 223 E2 ✉ U Sovových mlýnů 1, Kampa
☎ 2 57 53 42 00 ⊕ www.rybklub.cz ❶ tägl. 12–23 Uhr 🚋 Tram 9, 12, 15, 20

Spices €€€
Wer eine authentische kulinarische Reise durch Asien unternehmen möchte, etwa von Indien über Thailand bis Japan oder von Malaysia und Indonesien bis China und Korea, der sitzt im Spices in ehemaligen klösterlichen Gewölberäumen am rechten Platz. Toll sind die Thai Crab Cakes, aber auch das Massaman Curry mit Rind. Küchenchef ist der Tscheche Zdeněk Křížek, der in den Mandarin-Oriental-Hotels in Asien seine umfangreichen Kenntnisse der asiatischen Küche erworben hat.

WOHIN ZUM ...

✈ 223 D2 ✉ Nebovidská 1 ☎ 2 33 08 87 50
⊕ www.mandarinoriental.de/prague ❶ tägl.
12–23 Uhr 🚋 Tram 12, 20, 22

Terasa U Zlaté studně €€€
Es gibt geteilte Meinungen darüber, ob das Essen in diesem vornehmen Restaurant der Sicht angemessen ist. Der Blick über die Dächer hinunter zur Moldau ist unvergleichlich. Die Speisekarte führt manche Spezialitäten auf, die man sonst in Prag nur schwer bekommt, so z. B. schwarzen Ossetra-Kaviar, 50 g zu 3900 Kč. Das Restaurant ist schwer zu finden: Es versteckt sich in einer Sackgasse oberhalb des Valdštejnské náměstí.
✈ 223 D4 ✉ U Zlaté studně 166/4 (vom nördlichen Ende der Sněmovní abzweigend) ☎ 2 57 53 33 22 ⊕ www.terasauzlate studne.cz ❶ tägl. 12–23 Uhr 🚋 Malostranská 🚋 Tram 12, 15, 20, 22

U Ševce Matouše €
Man kann an den alten Bronzeschuhen im Eingang und den Gestellen im Speisesaal leicht erraten, dass das alteingesessene Steakhaus unter den Arkaden des Loreto-Platzes früher der Laden eines Schusters war. Auch Brad Pitt, damals noch mit Angelina Jolie, war schon zu Gast.
✈ 222 B3 ✉ Loretánské náměstí 4,
☎ 2 20 51 45 36 ⊕ www.usevcematouse.cz
❶ tägl. 11–22 Uhr 🚋 Tram 22

Waldštejnská hospoda €€ / €€€
Das mittelalterliche Haus »Zu den drei Störchen« erhielt seine jetzige Fassade im 18. Jh. Heute beherbergt es ein gehobenes Hotel und ein komfortables Restaurant. Gerichte mit Wild oder Geflügel und traditionelle böhmische Küche.
✈ 223 D4 ✉ Valdštejnská náměstí 8
☎ 2 57 21 29 89 ⊕ www.restauracewald stejnskahospoda.cz ❶ tägl. 7–22 Uhr
🚋 Malostranská 🚋 Tram 12, 15, 20, 22

GASTHÄUSER, KNEIPEN UND BARS

Alebrijes BarBar
Das Kellerlokal ist auch bei Pragern beliebt. Es serviert traditionelle mexikanische Küche von Tacos über Enchiladas bis Ceviche, in Zitrone marinierter Fisch. Neben mexikanischen Drinks gibt es auch Pilsner Urquell. Am Wochenende Livemusik.
✈ 223 D2 ✉ Všehrdova 17 ☎ 2 57 31 22 46
⊕ www.alebrijesbarbar.cz ❶ tägl. 11–23 Uhr
🚋 Malostranská 🚋 Tram 12, 15, 20, 22

Fraktal
Nette Bar für alle, die in Letná oder Holešovice wohnen. Sehr freundliches, englischsprachiges Personal, ordentliches Essen und eine entspannte Atmosphäre, die an eine Studentenkneipe erinnert. Eine gute Wahl für einen langen Abend.
✈ 202 C2 ✉ Šmeralová 1 ☎ 777 794 094
⊕ www.fraktalbar.cz ❶ tägl. 11–24 Uhr 🚋 Tram 12, 18, 25, 26

Klášterní pivovar
Zwar stammt die heutige Mikrobrauerei aus dem Jahr 2000, die Brauerei St. Norbert wurde aber schon im 13. Jh. auf dem Gelände des Strahov-Klosters gegründet. Probieren Sie das dunkle Bier zu einem typisch tschechischen Gericht. Ostern oder Weihnachten gibt es besondere Saisonbiere.
✈ 223 B3 ✉ Strahovské nádvoří 301
☎ 2 33 35 31 55 ⊕ www.klasterni-pivovar.cz
❶ tägl. 10–22 Uhr 🚋 Tram 22

Kolkovna Olympia
Ein Mitglied der Kolkovna-Kette von Pilsner-Urquell-Bars und -Restaurants. Das Essen ist prima und das Bier frisch gezapft. Dank eines riesigen Platzangebots stehen die Chancen auf einen freien Tisch mittags wie abends gut. Zu empfehlen sind alle böhmischen Gerichte und die Schweinshaxe am Galgen.
✈ 223 D1 ✉ Vítězná 7 ☎ 2 51 51 10 80
⊕ www.kolkovna.cz ❶ tägl. 11–24 Uhr
🚋 Tram 9, 12, 15, 20

U Malého Glena
Für die Bar des beliebten Jazz- und Rockclubs wird kein Eintritt fällig. Die Musik spielt im Keller. Knallige, zusammengewürfelte Möbelstücke verschiedener Provenienz und eine große Holztheke schaffen ein gemütliches Flair. Warme Küche

– tschechisch, Texmex mit guten Ribs, Salate – gibt's bis Mitternacht.
✝ 223 D3 ✉ Karmelitská 23 ☎ 2 57 53 17 17
⊕ www.malyglen.cz ⏱ tägl. 10–2 Uhr
🚋 Malostranská 🚊 Tram 12, 15, 20, 22

U sedmi Švábů
»Zu den sieben Schwaben« mit offenem Kamin ist vor allem im Winter äußerst reizvoll. Das Ganze ist zwar ein wenig kitschig, aber nett und das herzhafte böhmische Essen ist lecker. Die Bedienung in Tracht und das Ambiente haben Unterhaltungspotenzial.
✝ 222 C3 ✉ Jánský vršek 14 (Ecke Nerudova) ☎ 2 57 53 14 55 ⊕ www.7svabu.cz ⏱ Fr–So 11–23, Mo–Do 12–23 Uhr Uhr 🚊 Tram 22

Zlatý klas
Ein postkartentaugliches tschechisches Lokal in Smíchov, unweit des Einkaufszentrums Nový Smíchov am Anděl. Hier können Sie gut typisch böhmische Gerichte wie »Gulaš« und »Vepřo, knedlo, zelo« (Schweinebraten, Semmelknödel und Sauerkraut) kosten. Gutes Bier und eine schöne Atmosphäre, wenn auch mitunter etwas laut.
✝ 226 A3 ✉ Plzeňská 9 ☎ 2 51 56 25 39
⊕ www.zlatyklas.cz ⏱ Mo–Do 11–24, Fr 11–1, Sa 11.30–1, So 11.30–23 Uhr 🚋 Anděl

CAFÉS UND TEEHÄUSER

Café de Paris
Ein Mix aus französischem Café und klassischem Bistro. Hier bekommen Sie köstlichen Espresso, verschiedene Tees und traditionelle französische Gerichte, aber auch Salate und frische Meeresfrüchte zu fairen Preisen.
✝ 223 D3 ✉ Velkopřevorsk náměstí 4 ☎ 603 160 718 ⊕ www.cafedeparis.cz ⏱ Mo–So 11.30–24 Uhr 🚋 Malostranská

Malý Buddha
Höhlenähnliches Teehaus, das einfache vegetarische Asia-Gerichte serviert. Schön, wenn aus den dampfenden Teekannen ein verführerisches Aroma strömt und die Gäste verwöhnt ...

✝ 222 B3 ✉ Úvoz 46 ☎ 2 20 51 38 94
⊕ www.malybuddha.cz
⏱ Di–So 12–22.30 Uhr

Wohin zum ... Einkaufen?

Die besten Shopping-Angebote gibt es rund um die Einmündung der Karlsbrücke in die Mostecká. Auch nördlich und südlich der Mostecká liegen interessante Läden mit lokalen Produkten und Kunsthandwerk. Auf dem Weg hinauf zur Burg ist die Nerudova die Hauptverbindung, während nahezu alle Läden der Burg in das Goldene Gässchen gezwängt sind.

Stilvolle Ladenfront

UNTERE KLEINSEITE

Besucher des Franz Kafka Museums in der Nähe der Karlsbrücke können im Museumsshop allerlei Poster, Tassen, Kalender, Postkarten u. v. m. erwerben. Unweit des Museums findet sich das Beste aus tschechischem Design unter dem Dach einer ehemaligen Ziegelfabrik von 1780, nämlich im Cihelna Concept Store (Cihelná 2b, Tel. 2 57 31 73 18, www.cihelnaprague.com). Nur ein kurzes Stück vom Malostranské náměstí entfernt verkauft Antique Ahasver (Prokopská 3, Tel. 2 57 53 14 04, Mo geschl.) alte Textilien und wirklich exzellente zeitgenössische Fotografien von Pavel Ahasver.
In der Tržiště 6 stößt man als Besucher auf den kleinen liebevoll geführten Laden der

Antiquitätenladen in der Prokopsá

beiden Schwestern Pavla & Olga (Tel. 7 28 93 98 72), der bis zum Rand vollgestopft ist mit ausgefallener Damenmode und schönem Modeschmuck. Signet (Vlašská 15, Tel. 2 57 53 00 83) ist eine wahre Fundgrube für seltene tschechische, deutsche und russische Bücher und Karten.

OBERE KLEINSEITE

Ob Sie Münzen, Exotisches oder Erotisches in allen Formen und Farben aus aller Herren Länder suchen – fündig werden Sie im Kunstkomora in der Lázenská náměstí 9 (Tel. 2 22 70 09 55, So-Mo geschl,). Auch wenn Sie nichts kaufen wollen: Der Laden ist einen Besuch wert!
Vasen, Karaffen und Designdekor gibt es im Studio Šípek in der Mostecká 17 zu entdecken. Der verstorbene Firmengründer Bořek Šípek, der auch als Architekt tätig war, richtete unter anderem die Karl-Lagerfeld-Boutique in Paris ein und war für die Restaurierung der Prager Burg mit zuständig (Tel. 7 77 71 33 15).
Die Nerudova beherbergt reizende kleine Geschäfte wie das Katrak Antiques (Nr. 51), das alte Münzen, Briefmarken, Uhren, Porzellan und Schmuck verkauft, darunter auch schier unbezahlbare Einzelstücke (Tel. 2 57 53 22 00; www.antique-katrak.cz). Folgen Sie nun der steilen Gasse und unterbrechen Sie Ihren Einkaufsbummel bei Pražská Čokoláda (Nr. 19, Tel. 7 25 43 13 10), wo es alles rund um die Schokolade gibt. Und da Prag für sein Bier bekannt ist, kann man dort natürlich auch ein Schokoladenbier probieren.

Im Antikvariát U Zlaté Číše (Nr. 16, Tel. 2 57 53 13 93) kann man sich durch alte Bücher, Postkarten, Briefmarken und Drucke wühlen. Schauen Sie sich auch die handgeschnitzten, mitunter seltenen Holzpuppen im Marionety an (U Lužického 5, Tel. 6 02 68 99 18).

PRAGER BURG UND HRADSCHIN

Zum Glück hat es die Verwaltung nicht zugelassen, dass der Burgbezirk zu stark kommerzialisiert wurde und man dort nur noch Touristisches offeriert. Viele Geschäfte gibt es daher rund um die Prager Burg nicht. Im Museumsladen (am Goldenen Gässchen, auch über eine Treppe von der Jiřská zu erreichen, Tel. 2 24 37 11 11) aber findet man jede Menge Repliken, Bücher und Spielwaren.
Wer an hochwertiger tschechischer Kunst interessiert ist, sollte sich die Verkaufsausstellungen der Galerie Miro (Strahovské nádvoří 1/132, Tel. 2 33 35 40 66; www.galeriemiro.cz) auf dem Gelände des Klosters Strahov anschauen.

Handgefertigte Marionette

Wohin zum ... Ausgehen?

MUSIK

Crossclub
Einer der angesagtesten Rock- und Tanzclubs. Futuristisch gestalteter Treffpunkt im aufstrebenden Holešovice mit viel Prager Publikum, das sich hier amüsiert.
✣ außerhalb der Karte ✉ Plynarní 23 ☎ 7 75 54 14 30 ⊕ www.crossclub.cz ◐ tägl. 18–5 Uhr

Palais Liechtenstein (Lichtenštejnský palác)
Das Palais gegenüber der Kleinseitner Niklaskirche (S. 100) ist Sitz der Prager Musikakademie. Veranstaltet werden auch klassische Konzerte.
✣ 223 D3 ✉ Malostranské náměstí 13 ☎ 2 34 24 41 36 ⊕ www.hamu.cz

SaSaZu
Sowohl bei Einheimischen als auch bei Gästen sehr angesagte Disco für 2500 Leute. Mit einem zugehörigen schickem Asia-Restaurant.
✣ außerhalb der Karte ✉ Bubenské Nábřeží 306, Hološovice ☎ 2 84 09 74 55 ⊕ www.sasazu.com ◐ tägl. 22–5 Uhr

SPORT

Generali Arena (Sparta Stadion)
Heimspielstätte von Prags bestem Fußballteam, Sparta, und der Nationalmannschaft. Die Saison dauert von August bis Dezember und von Februar bis Mai. Eintrittskarten an der Kasse. Sparta gewinnt häufig die tschechische Meisterschaft.
✣ 220 A1 ✉ Milady Horákové 98 ☎ 62 96 11 14 00 ⊕ www.sparta.cz

Tipsport Arena (Sportovní hala)
Die Heimat des HC Sparta Prag, einer der besten Eishockeyclubs des Landes. Gelegentlich finden große Rockkonzerte und auch Musicalaufführungen in der Tipsport Arena statt.
✣ 220 C4 ✉ Za Electrárnou 419, Výstaviště ☎ 2 66 72 74 43 ⊕ www.tipsportarna-praha.cz

FAMILIENUNTERHALTUNG

⭐Výstaviště Fairgrounds
Der mehr als 100 Jahre alte Vergnügungspark besitzt eine Ausstellungshalle und einen Kirmesplatz. Zwei Theater zeigen Musicals und im Nachbau des Globe Theatre gibt's im Sommer Werke von Shakespeare.
✣ 220 D2 ✉ Výstaviště 67 (am Ostende des Stromovka Park), Holešovice ◐ tägl. 10–19, Sommer bis 23 Uhr

Eishockeyspiel in der Tipsport Arena

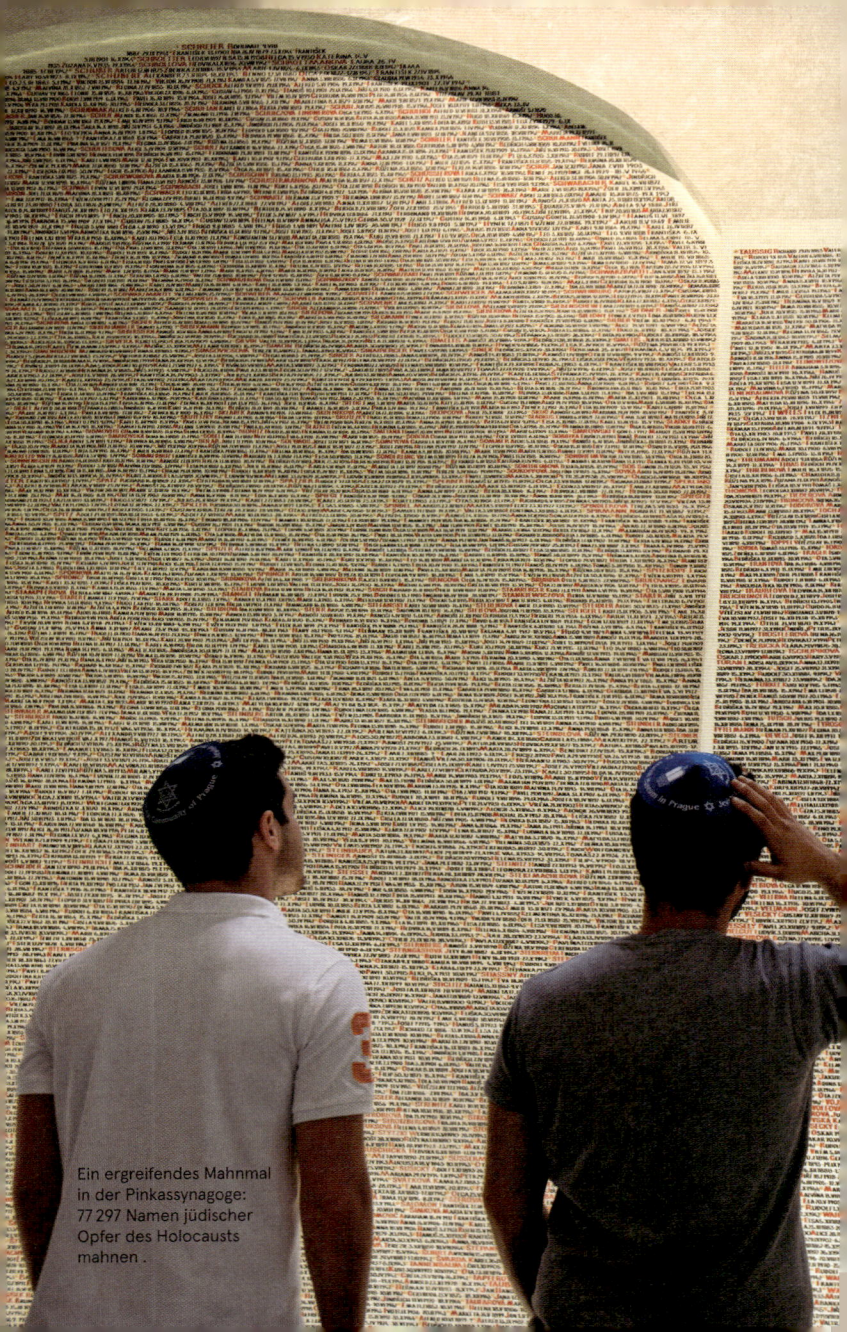

Ein ergreifendes Mahnmal in der Pinkassynagoge: 77 297 Namen jüdischer Opfer des Holocausts mahnen.

Josefstadt

Das Erbe der jüdischen Gemeinde findet man hier, wo auch das Jüdische Museum auf mehrere Standorte verteilt ist.

Seite 114–139

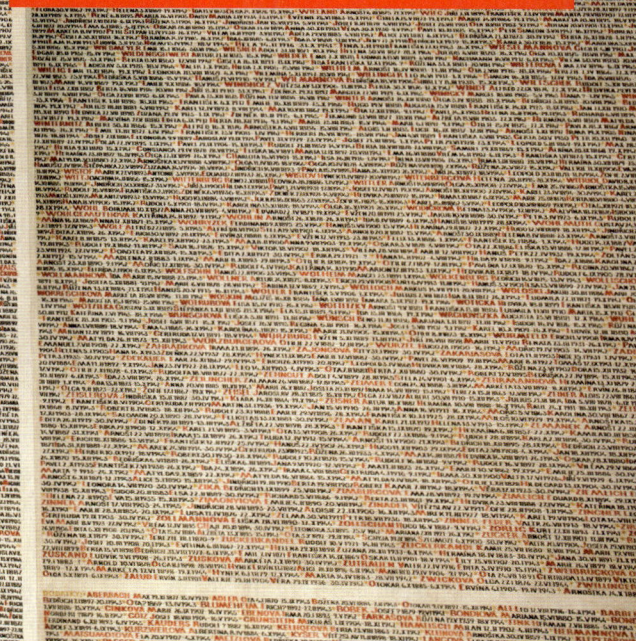

Erste Orientierung

Die Josefstadt ist klein, fast unscheinbar, aber bei einem Streifzug durch das Viertel begegnen Sie der bewegenden Vergangenheit der einst so lebendigen jüdischen Gemeinde Prags.

Das alte jüdische Viertel schmiegt sich am rechten Flussufer in eine Flussbiegung der Moldau. Vom Altstädter Ring erstreckt es sich in nordöstlicher Richtung bis zum Agneskloster und in westlicher Richtung bis zum Rudolfinum. Die meisten Synagogen und der Friedhof finden sich geballt zu beiden Seiten der Maiselova. Die Spanische Synagoge liegt in östlicher Richtung, ein Stück näher zur zweiten Hauptstraße des Viertels, der Pariser Straße. Fürs leibliche Wohl sorgen zahlreiche Cafés und Restaurants, darunter auch einige koschere Gaststätten.

TOP 10
- ❾ ★★ Alter Jüdischer Friedhof (Starý židovský hřbitov)

Nicht verpassen!
- ㊴ Pinkassynagoge (Pinkasova synagoga)
- ㊵ Altneusynagoge (Staronová synagoga)

Nach Lust und Laune!
- ㊶ Rudolfinum
- ㊷ Kunstgewerbemuseum (Uměleckoprůmyslové muzeum)
- ㊸ Zeremoniensaal (Obřadní síň)
- ㊹ Klausensynagoge (Klausová synagoga)

45 Hohe Synagoge
(Vysoká synagoga)

46 Jüdisches Rathaus
(Židovská radnice)

47 Maiselsynagoge
(Maiselova synagoga)

48 Franz-Kafka-Ausstellung
(Expozice Franze Kafky)

49 Spanische Synagoge
(Španělská synagoga)

50 Pariser Straße
(Pařížská třída)

51 Agneskloster
(Anežský klášter)

Mein Tag mit Pariser Flair im jüdischen Prag

Jüdisches Viertel – das klingt nach schwerer Kost, erdrückender Vergangenheit, womöglich auch nach Schuld(fragen). Wir wollen dem nicht aus dem Weg gehen, aber auch einen leichten und beschwingten Tag haben: mit Pariser Flair und Anleihen aus Verona oder der Alhambra von Granada.

13.30 Uhr: Zu Besuch in traditionsreichen Synagogen

10.00 Uhr – Ausgeschlafen …

… machen wir uns auf nach Josefov, ins jüdische Viertel von Prag – wie immer mit bequemen Schuhen. Bei Josefstadt schwingt so viel Bedeutendes mit, wie bei keinem anderen Stadtviertel in Prag.

Wer Josefstadt sagt, meint Juden und Ghetto, Synagoge und Friedhof. Den Besucher erwartet historisch Dunkles und trotzdem pilgert er hin, vielleicht weil ein Mythos ein Teil des Ganzen ist. Los geht es aber zunächst mit einem Besuch im

10 Uhr: Im friedlichen Innenhof des Agnesklosters

15 Uhr: Innehalten auf dem Alten Jüdischen Friedhof

16 Uhr: Shoppingtour auf der Pariser Straße

1782 säkularisierten 51 Agneskloster, das makellos restauriert wurde: Ein armer Junge verliebt sich in reiches Mädchen. Ihr Vater ist erzürnt und steckt sie ins Agneskloster. Doch das Mädchen stirbt darin – und geistert seitdem umher ... Was sich da im 17. Jh. abgespielt haben soll, ist natürlich eine Legende, die man in dieser Romeo und Julia ähnlichen Konstellation gut und gerne glauben mag ... Wir beginnen unseren Tag also nicht nur mit großer mittelalterlicher Kunst in der dorti-

MEIN TAG ...

11.30 Uhr

Die Spanische Synagoge im maurischen Stil (oben). Altneusynagoge und Jüdisches Rathaus (rechts)

gen Nationalgalerie, sondern auch mit einem Hauch Verona.

11.30 Uhr – Spanisch ...
... geht es weiter mit der **49** Spanischen Synagoge: Sie passt von außen gar nicht ins Bild der Josefstadt und erinnert eher an die Alhambra als an eine Synagoge. Teile der Spanische Synagoge sind der Alhambra von Granada nachempfunden. Der Name geht auf Juden zurück, die aus Spanien vor der Inquisition nach Prag flohen.

12.00 Uhr – Koscher ...
... wird heute der Mittagstisch sein, sofern der Besuchstag kein Sonntag ist, denn da ist Ruhetag im »Shalom« in der Maiselova 18.

13.30 Uhr – Jüdisch ...
... sind die nächsten Ziele, die sich alle in unmittelbarer Nähe des »Shalom« befinden. Wer nicht alle fünf umliegenden Synagogen besuchen möchte, sollte sich dennoch mindestens zwei auswählen: Die **39** Pinkassynagoge mit der Gedenkstätte für alle 77 297 tschechoslowakischen Juden, die Opfer des Holocausts wurden, und die **40** Alt-

13.30 Uhr

neusynagoge, die älteste noch erhaltene Synagoge in ganz Europa. Für den etwas merkwürdigen Namen gibt es eine Erklärung, die wie ein jüdischer Witz klingt: Zur Zeit ihrer Entstehung gab es bereits eine ältere Synagoge (jiddisch »Altschul«), sodass man dem neu entstehenden Gebetshaus den Namen »Neuschul«, Neusynagoge, gab. Im 16. Jh. kam aber eine weitere neue Synagoge hinzu. Die salomonische Lösung des Problems war der Name »Altneusynagoge«. Da die Altsynagoge und die neuere Synagoge zerstört wurden, blieb bis heute nur die Altneusynagoge ...

15.00 Uhr – Friedlich ...

... aber durch die vielen Besucher häufig nicht gerade ruhig geht es auf dem ❾★★ Alten Jüdischen Friedhof zu, in dem vom 15. bis zum 18. Jahrhundert vermutlich um die 100 000 Menschen begraben wurden, obgleich heutzutage nur etwa 12 000 Grabstätten sichtbar sind. Aus Platzmangel wurde in mehreren Schichten beerdigt. Schön ist der jüdische Brauch, statt Blumen kleine Steine zum Zeichen des Respekts aufs Grab zu legen. Dies erinnert an den Zug der Israeliten durch die Wüste zum Gelobten Land, als sie ihre Gräber im

MEIN TAG ...

15 Uhr

Die orthodoxen Juden, die den Alten Friedhof besuchen, sind meist Gäste aus Übersee

Sand der Wüste lediglich mit Steinen beschweren konnten.

16.00 Uhr – Pariser ...

... Flair umgibt den Shopping-Bummel auf der **50** Pařížská, der Pariser Straße, der luxuriösesten Einkaufsmeile der Stadt. Auf knapp 700 Metern gibt es alle Brands von Rang und Namen: Mode- und Schuhboutiquen, Juweliere und Uhrgeschäfte. Aber besser nur schauen statt kaufen: In der Regel sind die deutschen Filialen von Dior, Gucci, Hermès, Prada und Co. nämlich günstiger als die entsprechenden Prager Läden auf der Pařížská ...

19.00 Uhr – Böhmisch ...

... könnte schließlich das Abendessen werden. Dafür ins V Kolkovně mit bester lokaler Küche und frisch gezapftem Pilsener Bier in der gleichnamigen Straße auf Nr. 8. Und für den Absacker geht's nochmal zurück auf die Pařížská (Nr. 10) ins Bugsy's.

16 Uhr

Die großen internationalen Modelabels – hier Dior – prägen das Bild auf der Pariser Straße, einer der großen Shoppingmeilen der Stadt

MEIN TAG ...

❾ ★★ Alter Jüdischer Friedhof
(Starý židovský hřbitov)

Warum?	Es ist einer der schönsten jüdischen Friedhöfe überhaupt.
Wann?	Zur Mittagessenszeit ist es manchmal nicht ganz so voll.
Was tun?	Ausschau halten nach bildlichen Symbolen auf den Gräbern.
Wie lange?	Eine Stunde.
Was noch?	Männer bedecken beim Betreten des Friedhofs – ein heiliger Ort – ihren Kopf. Kippot aus Papier werden ausgehändigt.

Die Schönheit des Friedhofs verleiht seinem Namen eine besondere Bedeutung: »beit hajim« – Haus des Lebens.

Der Alte Jüdische Friedhof wurde in der ersten Hälfte des 15. Jhs. gegründet und im Jahr 1787 für neue Bestattungen geschlossen. Heute umfasst er etwa 12 000 Grabstätten und Zehntausende weiterer Gräber in tieferen Erdschichten. Das älteste Grab stammt von 1439; einige ältere Steine wurden von anderen Friedhöfen entfernt und in eine Wand an der Klausensynagoge (S. 131) eingesetzt. Im Museum des Zeremoniensaals (S. 130) sind hölzerne Grabtafeln ausgestellt.

Vielfalt der Grabsteine

Der Stil der Grabsteine gibt Hinweise auf das Alter. Die ersten schlichten Grabsteine aus dem 15. Jh. waren flach und wurden aus Sandstein gefertigt. Abgerundete oder spitze Grabsteine aus rotem und weißem Marmor erschienen erstmals im 16. Jh.; sie sind aufwendiger gestaltet und tragen hebräische Inschriften. Im 17. Jh. ließen viele wohlhabende Juden monumentale barocke Grabstätten errichten.

Jüdische Namen und Symbole

Das bekannteste Grab gehört Rabbi Jehuda Löw ben Bezalel (gest. 1609), dem von seiner Gemeinde am höchsten geachteten Schriftgelehrten. Das Doppelgrab – er ruht neben seiner Frau Perl – wurde im 18. Jh. mit einem Löwen als Namenssymbol und Weintrauben als Sinnbild für sein Alter von 96 Jahren geschmückt. In der Nähe ruht ein Weggefährte des

Rabbi Löw, der Bankier Mordechai Maisel (gest. 1601). Er war Bürgermeister des Ghettos und einer von dessen großzügigsten Förderern. Das Grabmonument einer Frau, Hendel Bashevi (gest. 1628), ist in der von Männern dominierten Welt des orthodoxen Judentums eine seltene Erscheinung. Allein durch seine Größe und Pracht im Renaissancestil überstrahlt das Grabmal die benachbarten Gräber der Schriftgelehrten. Die Frau des wohlhabenden Gemeindevorstehers Jacob Bashevi, deren Adelstitel ihr das Recht einräumte, zwei heraldische Löwen auf ihr Denkmal setzen zu lassen, war bekannt für ihren Einsatz für die arme Bevölkerung von Josefov.

Tier- oder andere Symbole wurden oft als Hinweis auf den Namen oder den Beruf der Toten in Grabsteine gemeißelt. So deuten zwei segnende Hände auf eine Priesterfamilie hin, eine Violine symbolisiert den Beruf eines Musikers, eine Schere den eines Schneiders. Ein Lageplan des Friedhofs liegt der Broschüre des Jüdischen Museums bei. Franz Kafka, einer der berühmtesten jüdischen Söhne Prags, liegt aber auf dem Neuen Jüdischen Friedhof (S. 172) begraben.

Der Alte Jüdische Friedhof präsentiert sich heute als ein Meer aus Steinen

KLEINE PAUSE
Am Moldauufer können Sie sich in einem der Cafés im Freien entspannen oder auch im Café Franz Kafka.

Široká 12, Staré Město, Mo-Fr 9–22, Sa/So 10–22 Uhr, Tel. 7 25 91 55 05

✝ 224 A3 ✉ Eingang an der Pinkassynagoge, Široká 3 ☎ Jüdisches Museum: 2 22 31 71 91; Reservierung auch per E-Mail an irc@jewishmuseum.cz. Zum Jüdischen Museum gehören der Alte Jüdische Friedhof, der Zeremoniensaal und vier der fünf Synagogen der Josefstadt. ◐ April–Okt. 9–18, Nov.–März 9–16.30 Uhr, Sa u. an jüdischen Feiertagen geschl. 🚇 Staroměstská 🚋 17 🎫 Kombikarte Jüdisches Museum 500 Kč, ist an sieben aufeinander folgenden Tagen gültig, um den Besucherstrom zu regulieren.

㊴ Pinkassynagoge
(Pinkasova synagoga)

Warum?	Schon allein wegen der Gedenkstätte der 77 297.
Wann?	Zur Mittagszeit.
Was tun?	Bewegenden Momenten etwas Zeit geben.
Wie lange?	30 Minuten wären angemessen.
Was noch?	Männer bedecken bei Betreten einer Synagoge den Kopf.
Resümee	Betroffenheit und Eindrücke, die man reflektieren muss.

Das Renaissancebauwerk, im 16. Jh. als private Synagoge errichtet, ist eine Gedenkstätte für die tschechischen Juden, die von den Nationalsozialisten ermordet wurden.

Die Synagoge wurde 1479 von Rabbi Pinkas gegründet und von seinem Großneffen Aaron Meshullam Horowitz erweitert. 1535 wurde sie von Salman Horowitz in den Familienwohnsitz integriert, der direkt an die Südseite des Alten Jüdischen Friedhofs (S. 124) grenzte. Das ursprünglich spätgotische Bauwerk erhielt ein Jahrhundert später seine gegenwärtige Gestalt im Renaissancestil. Im 17. Jh. wurde es durch eine Frauengalerie, eine Vorhalle und einen Ratssaal ergänzt.

Ort des Gebets und Gedenkens

Im Innern der Synagoge findet man einen Mischstil aus farbenfrohen Renaissancemotiven und einem aufwendigen gotischen Netzrippengewölbe. Im Gegensatz zur Altneusynagoge (S. 128) verbinden sich die Rippen des Gewölbes in der Pinkassynagoge zu Kreuzen. Das schmiedeeiserne Gitter der zentralen Bima (Kanzel zum Verlesen der Thora) ruht auf vergoldeten Spiralen; es blieb im ursprünglichen Rokokostil erhalten.

In der Synagoge haben Václav Boštík und Jiří John 1950 bis 1958 die Gedenkstätte der 77 297 errichtet. Die Wandtafeln zum Gedenken an die tschechoslowakischen Juden, die in nationalsozialistischen Konzentrationslagern ermordet wurden, tragen die Namen, Geburts- und Sterbedaten aller 77 297 Todesopfer des Holocaust. Angeblich wegen des baufälligen Zustandes des Gebäudes schloss die kommunistische Regierung die Synagoge 1968 und ließ die Inschriften entfernen. Tschechische Regimekritiker hielten diese Maßnahme für eine politische Entscheidung, die in der antiisraelischen Atmosphäre nach dem Sechs-Tage-Krieg (1967) getroffen worden sei. In den 1990er-Jahren wurde die Synagoge restauriert und man stellte die Gedenktafeln wieder her. An der östlichen Wand sind die Namen der Konzentrationslager zu lesen, in denen die tschechischen Juden ermordet wurden. Im Tabernakel wurden einst die Schriftrollen der Thora und die Bücher der Propheten verwahrt.

Bima der Pinkassynagoge

Kinderzeichnungen aus Theresienstadt (1942–1944)

Eine Dauerausstellung ist den Zeichnungen gewidmet, die von den Kindern im Konzentrationslager Theresienstadt (Terezin, S. 188) angefertigt wurden. Sie waren von der Kunstlehrerin der Kinder, der Bauhaus-Malerin Friedl Dicker-Brandeisová, versteckt und damit gerettet worden. Die Kinder zeichneten überwiegend Bilder einer Fantasiewelt außerhalb des Lagers. Viele wurden später, wie ihre Lehrerin, nach Auschwitz deportiert und dort ermordet.

KLEINE PAUSE
Im Konzerthaus **Rudolfinum** (S. 130) gibt es im ersten Stock ein schönes **Café.**

✢ 224 A3 ✉ Široká 3 ☎ Jüdisches Museum: 2 22 31 71 91 🕐 April–Okt. 9–18, Nov.–März 9–16.30 Uhr; Sa u. an jüdischen Feiertagen geschl. 🚊 Staroměstská 🚌 17 🎫 Kombikarte Jüdisches Museum 500 Kč

㊵ Altneusynagoge
(Staronová synagoga)

Warum?	Sie ist die älteste erhaltene Synagoge Europas.
Wann?	Mittags.
Was tun?	Die fünf Bücher Mose finden.
Wie lange?	Eine knappe Stunde.
Was noch?	Im angrenzenden Park steht eine Mosesstatue mit Fragmenten zertrümmerter Gesetzestafeln.

Die Synagoge ist nicht nur ein hochgeschätztes Gebetshaus, sondern auch ein architektonisch bedeutendes Denkmal. Sie stammt von 1275.

Der Beruf des Architekten und Baumeisters war den Juden in damaliger Zeit verwehrt. Man vermutet, dass die Altneusynagoge von Zisterziensern geplant wurde, die auch das Agneskloster (Anežský klášter, S. 135) erbauten. Durch seine schlichte Form wirkt der Bau täuschend klein, das einzige hervorstechende Merkmal ist der mit Zinnen verzierte, steil aufragende Ziegelsteingiebel der Fassade. Man betritt das Hauptschiff durch ein gotisches Portal; die stilisierten Weinreben symbolisieren die zwölf Stämme Israels.

Das Innere
Der lang gestreckte Hauptraum ist mit Fensterschlitzen ausgestattet. Frauen, die dem orthodoxen Judentum gemäß den Hauptraum nicht betreten durften, verfolgten die Gottesdienste von der für sie errichteten Galerie. Der eigentliche Hauptraum wirkt unerwartet hoch, da der Fußboden unterhalb des heutigen Straßenniveaus liegt. Die gotischen Gewölbe weisen jeweils fünf statt vier tragende Rippen auf, die somit kein Kreuz bilden, da dies in jüdischen Gebetshäusern verboten war. Mächtige achtkantige Pfeiler, in deren Mitte die Bima (Kanzel) steht, gliedern den Raum in zwei Schiffe. Oberhalb des schmiedeeisernen Gitters der Bima ist die rote Fahne (1716) der jüdischen Gemeinde mit dem Davidstern und dem Judenhut zu sehen.

Bima (Thorabühne) in der Altneusynagoge

Tabernakel und Schriftrollen

An der östlichen Wand wurde im 16. Jh. das Tabernakel (*aron ha-kodesh*) errichtet; es birgt die Schriftrollen mit der Thora (die fünf Bücher Mose) und den Büchern der Propheten. Am Sabbat werden die beiden Schriftrollen in einer Zeremonie zur Bima getragen. Sieben Gemeindemitglieder lesen abwechselnd ein Kapitel aus den Schriften vor.

Im Gegensatz zu vielen älteren Bauwerken der Josefstadt, die durch verheerende Brände beschädigt wurden, hat die Altneusynagoge die Jahrhunderte unbeschadet überdauert, was einige Gläubige auf die segensreiche Wirkung des Rabbi Löw zurückführen. Der Legende nach soll der Rabbi dort auch den Golem erschaffen haben.

In der Altneusynagoge (wie auch in der Klausen- und Maiselsynagoge, S. 131, 132) werden wertvolle sakrale Gegenstände jüdischer Herkunft aufbewahrt, die aus allen Teilen Böhmens stammen. Dieser Umstand geht – so absurd es erscheinen mag – auf die Nationalsozialisten zurück, die in Prag ein »Museum einer vernichteten Rasse« errichten wollten.

KLEINE PAUSE

Wer eine Besichtigungspause braucht, kann ins **Café Les Moules** (S. 136) hinübergehen, wo es Meeresfrüchte gibt.

✢ 224 B3 ✉ Maiselova 18 ☎ 2 24 80 08 12 ⏰ April–Okt. So–Fr 9–18 Uhr; Nov.–März So–Fr 9–17 Uhr; an jüdischen Feiertagen geschl. 🚇 Staroměstská 🚋 17 💰 200 Kč

Nach Lust und Laune!

41 Rudolfinum

Der imposante Neorenaissancebau aus dem 19. Jh. ist das Stammhaus der Tschechischen Philharmonie und ein Veranstaltungsort der jährlich stattfindenden Musikfestivals Prager Frühling und Prager Herbst. Neben dem Dvořák-Saal, dem Konzertsaal der Philharmonie, beherbergt das Rudolfinum eine Kunstgalerie mit Wechselausstellungen. Im ersten Stock gibt es ein Café.

1918–1938 tagte im Rudolfinum das erste tschechoslowakische Parlament, im Zweiten Weltkrieg diente es der deutschen Wehrmacht als Hauptquartier. Auf dem Náměstí Jana Palacha, benannt nach Jan Palach, steht ein Dvořák-Denkmal.

224 A3 Alšovo nábřeží 12
Konzerte/Führungen: 2 21 71 41 52
www.rudolfinum.cz/en/concert-schedule, www.galerierudolfinum.cz
Rudolfinum, Dvořáksaal: nur zu Vorstellungen geöffnet; Galerie: Di., Mi., Fr., So. 10–18, Do. bis 20; Café Di.–So. 10–19.30 Uhr Staroměstská 17, 18 Galerie: 120 Kč

Das Rudolfinum am rechten Moldauufer

42 Kunstgewerbemuseum (Uměleckoprůmyslové muzeum)

Selbst den Tschechen erscheint der Name zu lang, weshalb es die Abkürzung UPM gibt. Der Bau aus dem 19. Jh., der schon in großen Teilen restauriert wurde, birgt erstklassige Sammlungen, darunter Möbel und Kunstgegenstände aus Glas, Porzellan, Keramik und Metall aus Böhmen und anderen Gegenden Europas. Die Exponate umfassen das 16. bis 20. Jahrhundert. Ein Schwerpunkt liegt auf dem Jugendstil und dem tschechischen Kubismus.

224 A3 17 listopadu 2
7 78 54 39 00 www.upm.cz
Wegen Rekonstruktionsarbeiten bis Ende 2018 geschlossen. Staroměstská 17, 18

43 Zeremoniensaal (Obřadní síň)

Am Eingang des Alten Jüdischen Friedhofs steht ein neoromanisches Gebäude (1908) mit einem Eckturm, der einstige jüdische Zeremoniensaal. Bis in die 1920er-Jahre hinein wurden Verstorbene dort zum Begräbnis auf dem Neuen Jüdischen Friedhof (S. 172) vorbereitet. Die Ausstellung erklärt Begräbniszeremonien und Inschriften der Grabsteine.

224 A3 U Starého hřbitoba 3
Jüdisches Museum: 2 22 31 71 91
April–Okt. 9–18, Nov.–März 9–16.30 Uhr; Sa u. an jüdischen Feiertagen geschl. Staroměstská 17, 18 Kombikarte Jüdisches Museum 500 Kč

44 Klausensynagoge (Klausová synagoga)

Neben dem Jüdischen Friedhof steht die Klausensynagoge, die der Bürgermeister Mordechai Maisel 1573 erbauen ließ. Ursprünglich befanden sich an ihrer Stelle drei kleinere Gebäude, die sogenannten Klausen – ein Gebetshaus, ein rituelles Bad und eine Talmudschule. Nach deren Zerstörung durch einen Brand im Jahr 1689 wurde die jetzige Synagoge erbaut. Neben der Altneusynagoge (S. 128) ist sie das be-

Die Klausensynagoge in neubarockem Stil

deutendste sakrale Baudenkmal. Hier wurden einst die Begräbniszeremonien für die Toten des angrenzenden Friedhofs vollzogen. Das barocke Innere wurde restauriert und beherbergt eine Sammlung hebräischer Manuskripte und traditioneller Gebrauchsgegenstände des jüdischen Alltagslebens.

224 A3 U Starého hřbitova 4 ☎ Jüdisches Museum: 2 22 31 71 91 April–Okt. 9–18, Nov.–März 9–16.30 Uhr; Sa u. an jüdischen Feiertagen geschl. Staroměstská 17, 18
Kombikarte Jüdisches Museum 500 Kč

45 Hohe Synagoge (Vysoká synagoga)

Der schlichte Bau der Hohen Synagoge neben dem Jüdischen Rathaus (Židovská radnice) birgt im oberen Stockwerk einen geschmückten Gebetsraum (daher der Name der Synagoge). Der Dekor, durch ein Feuer 1689 beschädigt, wurde restauriert. Hier werden nicht orthodoxe jüdische Gottesdienste abgehalten; sie ist daher nur Gläubigen zugänglich.

224 B3 Červená 4 Fr–Sa (Sabbat) u. an jüdischen Feiertagen Staroměstská 17, 18

46 Jüdisches Rathaus (Židovská radnice)

Das barocke Gebäude mit Glockenturm wurde 1765 am Standort eines älteren Bauwerks (gegründet um 1560 von Mordechai Maisel) errichtet. Im Jüdischen Rathaus wurde die Verwaltung der Stadtbezirke Altstadt, Neustadt, Judenstadt und Kleinseite (Malá Strana) zusammengefasst. Unterhalb des Glockenturms, weist ein Giebel auch ein hebräisches Ziffernblatt auf, dessen Zeiger sich gegen den Uhrzeigersinn drehen. Oberhalb des Haupteingangs an der Maiselova sieht man das jüdische Stadtwappen mit Davidstern und Judenhut. Der Gebrauch des Wappens wurde den Juden von Ferdinand III. zugestanden, nachdem sie 1648 während des Dreißigjährigen Kriegs auf der Karlsbrücke gegen schwedische Truppen

NACH LUST UND LAUNE!

gekämpft hatten. Die Versammlungsräume sind mit Ausnahme des koscheren Restaurants Shalom (S. 137) für die Öffentlichkeit nicht zugänglich.

✝ 224 B3 ✉ Maiselova 18
🚊 Staroměstská 🚌 17, 18

47 Maiselsynagoge (Maiselova synagoga)

Vom Altstädter Ring (Staroměstské náměstí) kommend, gehen Besucher auf ihrem Rundgang zuerst auf die Maiselsynagoge zu. Der Bankier und Bürgermeister Mordechai Maisel ließ sie 1592 gegen Ende seines Lebens erbauen, sie war das am reichsten verzierte Bauwerk des Judenviertels. Der Gebetsraum und die Frauengalerie werden heute als Ausstellungsräume für Sammlungen schöner Gold- und Silberobjekte genutzt. Die rituellen Gegenstände (Weinkelche, Gewürzurnen, Thoraschilder und Thorakronen) wurden in der Zeit der Besatzung durch die Nationalsozialisten aus allen Teilen

Die Maiselsynagoge birgt Ausstellungsräume

Die Fassade der Spanischen Synagoge

der damaligen Tschechoslowakei zusammengetragen. Sie sollten im »Museum einer vernichteten Rasse« ausgestellt werden (S. 129).

✝ 224 B3 ✉ Maiselova 10 ☎ Jüdisches Museum: 2 22 74 92 11
🕐 April–Okt. 9–18, Nov.–März 9–16.30 Uhr; Sa u. an jüdischen Feiertagen geschl. 🚊 Staroměstská 🚌 17, 18
🎫 Kombikarte Jüdisches Museum 500 Kč

48 Franz-Kafka-Ausstellung (Expozice Franze Kafky)

Direkt neben der Niklaskirche stand Franz Kafkas Geburtshaus (U Radnice 5). Im Erdgeschoss des Hauses wurde ein kleines Museum eingerichtet. Eine Bronzebüste Kafkas stammt aus den 1960er-Jahren, als sich die negative Einstellung des sozialistischen Regimes zum Schriftsteller (S. 30) lockerte. Heute ist Kafkas Name in Prag allgegenwärtig; der kleine Platz vor dem Museum ist nach ihm benannt. Zu den Ausstellungsstücken gehören Fotos seiner Familie und seiner Wohnungen in Prag sowie Kopien seiner Manuskripte und Zeichnungen.

224 B3 ✉ Náměstí Franze Kafky 5 ☎ 222 32 16 75 ● Di–Fr 10–18, Sa 10–17 Uhr 🚇 Staroměstská 🚌 17, 18 💰 40 Kč

49 Spanische Synagoge (Španělská synagoga)

Die jüngste Synagoge der Josefstadt ist die prunkvollste von allen. Sie wurde 1868 in maurischem Stil am Standort einer Synagoge byzantinischer Juden erbaut, die sich im 11. Jh. in Prag niedergelassen hatten. Das Innere der Spanischen Synagoge ist in Anlehnung an die spanische Alhambra gestaltet und weist eine überbordende Fülle geometrischer und floraler Motive in allen Farbtönen auf. Eine Ausstellung dokumentiert die Geschichte der tschechischen Juden vom 19. Jh. bis in die Gegenwart. In der Frauengalerie werden Fotos präsentiert, die das jüdische Ghetto vor und nach seiner Zerstörung zur Zeit der Jahrhundertwende um 1900 zeigen.

Ums Eck steht eine recht umstrittene Statue von Franz Kafka

Magischer Moment

Bolero in der Synagoge

Ringsherum schimmert alles im Gold der Spanischen Synagoge und es fängt ganz leise an. Man traut sich kaum zu atmen. Dann wird der Raum peu à peu geflutet mit der Musik von Maurice Ravel, so weich so zart ... bis sie irgendwann in ein Stakkato übergeht, das sogar die bezaubernde Räumlichkeit der Synagoge zur Kulisse degradiert. Unbedingt nachfragen, wann dort »Bolero« gespielt wird.

Die Prachtmeile Pariser Straße verbindet ab der Niklaskirche den Altstädter Ring mit der Moldau

mit knapp vier Metern Höhe und 700 Kilogramm Gewicht. Seit dem Jahr 2003 rätseln die Passanten, was es denn nun auf sich hat mit diesem Monument, das Franz Kafka auf den Schultern eines kopf- und armlosen Mannes zeigt. Der tschechische Bildhauer Jaroslav Róna soll durch eine Passage aus der »Beschreibung eines Kampfes«, einem Frühwerk Kafkas, zu diesem Werk inspiriert worden sein. Es ist zumindest ein guter Platz für ein Foto.

✝ 224 B3 ✉ Vězeňská 1
☎ Jüdisches Museum: 2 22 74 92 11
🕐 April–Okt. 9–18, Nov.–März 9–16.30 Uhr; Sa u. an jüdischen Feiertagen geschl.
🚇 Staroměstská 🚌 17, 18 🎫 Kombikarte Jüdisches Museum 500 Kč

50 Pariser Straße (Pařížská třída)

Die urbane Pracht der Pařížská ist ein Ausdruck für den jähen Bruch mit der Vergangenheit der Josefstadt, der am Ende des 19. Jhs. durch die radikale Sanierung der baufälligen und übervölkerten Armenviertel vollzogen wurde. Heute strahlt die Pařížská im Glanz von Neobarock und Jugendstil, Designerläden, Cafés und schicken Restaurants.

Die Pařížská führt vom Altstädter Ring in gerader Linie zur Čechův-Brücke. In einem vierstöckigen Neobarockbau an der Pařížská nahe dem Altstädter Ring lebte die Familie Kafka in den Jahren 1907 bis 1913. Daneben (Pařížská 4) findet man das Theater Image, das eine einfallsreiche Verbindung aus Pantomime, Tanz und

Schwarzlichttheater (S. 215) bietet. Die Hausnummern 7 und 9 gehören zu besonders schönen Gebäuden. Das neugotische Haus Nr. 15 (an der Ecke zur Široká) ist nach einem Entwurf von Matej Blecha reich verziert; werfen Sie nach Möglichkeit auch einen Blick in das ovale Jugendstil-Treppenhaus. Zwei weitere Juwelen des Jugendstils sind die Häuser Nr. 28 und 19, Letzteres errichtet nach einer Idee von Bedřich Bendelmayer, der auch das Grand Hotel Evropa am Wenzelsplatz (S. 157) entwarf.

An die Vergangenheit anknüpfend, wurde die Pařížská zunächst nach der nahe gelegenen Kirche am Altstädter Ring (S. 49) Niklasstraße genannt. 1926 – die französische Metropole Paris war gerade sehr in Mode – erhielt die Straße ihren jetzigen Namen, der zum Erscheinungsbild bestens passt.

In der Zeit des Zweiten Weltkriegs wurde die Pařížská von der nationalsozialistischen Besatzungsmacht vorübergehend in Nürnberg-Straße umgetauft.

Häufig übersehen und doch außergewöhnlich: die Kubistischen Häuser (Kubistické Domy) am nördlichen Ende der Pařížská beim Hotel Intercontinental, das selbst ein Beispiel des sogenannten Brutalismus der 1970er-Jahre ist.

✢ 224 B4 🚇 Staroměstská 🚋 17

51 Agneskloster (Anežský klášter)

Das Agneskloster aus dem 13. Jh. nimmt einen Ehrenplatz in der Geschichte der alten Judenstadt ein, da die Zisterzienser, die das Kloster erbauten, auch für die nahe gelegene Altneusynagoge (S. 128) verantwortlich zeichneten. Es wurde 1231 von Agnes, der Tochter von König Ottokar I. Přemysl, für den Klarissenorden gegründet. Das Kloster wurde 1782 säkularisiert, 1986 hat man darin ein Museum für mittelalterliche Kunst in Böhmen und Mitteleuropa eingerichtet. Die Ausstellung ist Teil der Tschechischen Nationalgalerie. Sie besteht aus eindrucksvollen Altarbildern, Holzstatuen und Steinskulpturen.

Detailreiche Fassaden an der Pariser Straße

✢ 224 B4 ✉ Anežská 12
☎ 2 24 81 06 28 🌐 www.ngprague.cz
🕐 Di–So 10–18 Uhr 🚋 17 💰 220 Kč

Wohin zum ... Essen und Trinken?

PREISE

für ein Abendessen inkl. Getränke, Steuer und Service:
€ unter 400 Kč
€€ 400–800 Kč
€€€ über 800 Kč

RESTAURANTS

Café Les Moules €€
Spezialität in diesem Restaurant sind die Muscheln in Kokosmilch mit Chili und frischem Koriander. Die hohen Fenster geben den Blick frei auf die Altneusynagoge sowie die Pariser Straße und lassen leicht die charmante Inneneinrichtung mit der dunklen Holzvertäfelung sowie den gemütlichen Tischen in den Hintergrund treten.
✝ 224 B4 ✉ Pařížská 19 ☎ 2 22 31 50 22
⊕ www.lesmoules.cz ❶ tägl. 11.30–24 Uhr
🚇 Staroměstská

Chez Marcel €
Französische Atmosphäre herrscht im Chez Marcel, dessen Personal und Stammgäste tatsächlich zum größten Teil Franzosen sind. Die Gäste dinieren mit Nonchalance und zu ortsüblichen Preisen. Jazzklänge und alte französische Werbeplakate tragen zum Flair eines Bistros bei, zu dem auch die Speisen passen: Steak, Poulet frites oder Croque Monsieur (Schinken-Käse-Toast). Auch die Crème caramel ist zu empfehlen.
✝ 224 C3 ✉ Haštalské náměstí 12
☎ 2 22 31 56 76 ⊕ www.chezmarcel.cz
❶ tägl. 11.30–23 Uhr 🚇 Staroměstská

King Solomon €€
Das behagliche Restaurant ist dem Tempel von Jerusalem nachempfunden. Wahlweise können Sie aber auch im verglasten Atrium des Hauses Gefilte Fisch, Blintzen und andere koschere Gerichte probieren. Man kann sich sogar ein Sabbat-Menü ins Hotel schicken lassen.
✝ 224 A3 ✉ Široká 8 ☎ 2 24 81 87 52
⊕ www.kosher.cz ❶ So–Do 12–22.30 Uhr;
Fr mittags, Sa abends nur mit Reservierung
🚇 Staroměstská

La Veranda €€€
Eines der führenden Restaurants der Stadt. Entsprechend exquisit sind die raffinierten Gerichte. Ob Sie nun die gebackene Entenbrust mit Thymian und karamellisierten Schalotten oder den Thunfisch *grillé cru* mit gebratenen Pilzen und Spinat wählen, Sie werden Ihr Essen ganz sicher genießen. Diese Qualität hat ihren Preis.
✝ 224 B3 ✉ Elišky Krásnohorské 2
☎ 2 24 81 47 33 ⊕ www.laveranda.cz
❶ Mo–Sa 12–15, 17.30–22 Uhr 🚇 taroměstská

Restaurace Kolonial €€
Internationale Standards wie Steaks, gegrillter Lachs und Hühnchen werden in diesen einladenden Räumlichkeiten serviert. Den ganzen Tag herrscht Hochbetrieb. Das Restaurant ist auch gut geeignet, wenn man nur etwas trinken möchte.

Lieferservice des King Solomon

✛ 224 A3 ✉ Široká 6 ☎ 2 24 81 83 22
⊕ www.kolonialpub.cz ❶ tägl. 11–24 Uhr
🚋 Staroměstská

Shalom €€
Ein koscheres Restaurant in der alten jüdischen Stadthalle: Man sitzt unter Kristallleuchtern in holzvertäfelten Räumen. Wer die feine jüdische Küche kennenlernen möchte, ist hier richtig; unbedingt reservieren!
✛ 224 B3 ✉ Maiselova 18 ☎ 2 24 80 08 08
⊕ www.jewishprague.info ❶ Mo–Sa 11.30–14 Uhr 🚋 Staroměstská

Shelanu Deli €
Eine zwanglose Mittagstheke und ein kleines Restaurant, das koschere Sandwiches und Salate serviert. Ideal für Frühstück, Mittagessen oder einen Snack.
✛ 224 A3 ✉ Břehová 8 ☎ 7 28 18 68 32
⊕ www.shelanu.cz ❶ So–Do 9–22, Fr 9–16 Uhr 🚋 Staroměstská

Uno €€
Das einst legendäre Pravda auf der Edelmeile Pařížská hat geschlossen: Es lebe das Uno! Dies ist ein Restaurant der Pravda-Gruppe mit ähnlicher Ausrichtung auf italienische Gerichte und auf Mittelmeer-Küche, aber weniger stylish; im Shoppingcenter Palladium untergebracht.
✛ 224 C3 ✉ Náměstí Republiky 1 ☎ 2 25 77 19 15 ⊕ www.unorestaurant.cz ❶ tägl. 11–23 Uhr
🚋 Náměstí Republiky

GASTHÄUSER, KNEIPEN UND BARS

Bugsy's
Viele sagen, dass das Bugsy's die beste Cocktailbar in Prag sei – und zwar nicht unbedingt wegen der Atmosphäre, sondern wegen der Drinks. Ein Magnet für betuchte Prager und Touristen gleichermaßen.
✛ 224 B4 ✉ Pařížská 10 ☎ 8 40 28 47 97
⊕ www.bugsysbar.cz ❶ tägl. 19–2 Uhr 🚋 Staroměstská

Sisters
Wer einmal die moderne Variante, etwa rein vegetarisch oder sogar vegan, der altmodischen Chlebíčky (Schnittchen) probieren möchte, ist in diesem Stehimbiss am rechten Fleck. Ein perfekter Snack für zwischendurch.
✛ 224 C3 ✉ Dlouhá 39 ☎ 7 75 99 19 75
⊕ www.chlebicky-praha.cz ❶ Mo–Fr 8–19, Sa 9–18 Uhr 🚋 6, 8, 15, 26

U Pivrnce
Die alten Gewölbedecken und Wände dieses Lokals sind mit zeitgenössischen und frechen Szenen des Cartoonisten Urban geschmückt. Serviert werden Rind-, Hühner- und Schweinefleischgerichte. Probieren Sie Gulasch, Svíčková (Rinderbraten), Schnitzel, Haxe oder Ribs – alles sehr gut.
✛ 224 B3 ✉ Maiselova 3 ☎ 7 77 12 03 82
⊕ www.upivrnce.cz ❶ Mo–Fr 11.30–23, Sa–So ab 12 Uhr 🚋 Staroměstská

V Kolkovně
Beliebtes Gasthaus mit böhmischer Küche. Großzügige Portionen, sehr gutes Preis-Leistungs-Verhältnis und eine lebhafte Atmosphäre. Gepflasterte Innenhofterrasse und große Biertheke am Eingang.
✛ 224 B3 ✉ V Kolkovně 8 ☎ 2 24 81 97 01
⊕ www.vkolkovne.cz ❶ tägl. 11–24 Uhr
🚋 Staroměstská

CAFÉS

Au Gourmand
Dieses Delikatessengeschäft mit Bäckerei bietet köstliche Kuchen, Gebäck und Sandwiches. Man sitzt inmitten eines schön restaurierten Jugendstilinterieurs.
✛ 224 C3 ✉ Dlouhá 10 ☎ 6 02 68 21 89
⊕ www.augourmand.cz ❶ Mo–Fr 8–19, Sa 8.30–19, So 9–19 Uhr 🚋 Staroměstská

Kavárna Rudolfinum
Man findet jederzeit einen freien Platz in dem prachtvollen Raum im Rudolfinum (S. 130). Der Zugang liegt auf der Flussseite des Gebäudes. Sagen Sie am Kartenschalter, dass Sie nur ins Café möchten.
✛ 223 F3 ✉ Alšovo nábřeží 12 ☎ 2 24 89 33 17
❶ nur bei Ausstellungen Di–So 10–23 Uhr
🚋 Staroměstská

Café des Rudolfinum

Perníčkův Sen
Zwei Schwestern führen dieses entzückende Mini-Café, in dem die Tradition des Lebkuchens noch am Leben erhalten wird. Aber auch die Pflaumen- und Mohnkuchen sind eine Sünde wert in dieser fast kindlich eingerichteten Puppenstube.
✝ 224 B3 ✉ Haštalská 21 ☎ 6 07 77 33 50
⊕ www.pernickuvsen.cz ⏱ Mo–So 10–18 Uhr 🚊 Tram 6, 8, 15, 26

Wohin zum ... Einkaufen?

Die Geschäfte konzentrieren sich auf die beiden parallelen Hauptstraßen Pařížská und Maiselova. Die meisten exklusiven Boutiquen der Stadt sind hier angesiedelt. Außerdem gibt es einige Antiquitäten- und Kunsthändler. Die Geschäfte rund ums Jüdische Museum haben sich teilweise zu Touristenfallen entwickelt.

PARISER STRASSE

Die Pařížská třída führt vom Altstädter Ring zur Cechův-Brücke. Den Auftakt macht in der Pařížská 2 Cartier (Tel. 2 21 72 96 00), gefolgt von anderen bekannten internationalen Luxusmarken wie beispielsweise **Louis Vuitton, Gucci, Christian Dior, Hugo Boss** und **Hermès**, um nur einige zu nennen. Insbesondere bei den Ausverkäufen im Frühjahr und im Herbst gibt es manchmal »Schnäppchen«.

Ansonsten kauft man aber in den entsprechenden Filialen in Deutschland deutlich günstiger ein! Neben den großen Namen gibt es allerdings auch einige lokale Geschäfte. Agent Provocateur ist zum Beispiel eine Boutique mit originellen Luxusdessous (Pařížská 12, Tel. 2 22 31 02 31, www.agentprovocateur.com). Wer viel eingekauft hat und einen weiteren Koffer benötigt, wird in der Pařížská 26 fündig: Das Kölner Unternehmen Rimowa (Tel. 7 77 99 78 86) ist dort mit einer Filiale vor Ort.

Abseits der Pařížská werden die Geschäfte rar, ein Spaziergang lohnt sich aber trotzdem. Steuern Sie z. B. die Bilková zwischen Pařížská und Kozí an. Hier finden Sie die Galerie La Femme (Bilková 2, Tel. 2 24 81 26 56; www.glf.cz), eine interessante Galerie für »weibliche Kunst«. Tschechische Mode für die Dame gibt es bei Navarila in der Haštalská 8 (Tel. 2 22 31 17 48; www.navarila.cz). Auch Anna Tušková und Radka Sirková haben sich in der Damenmode einen Namen gemacht, überprüfbar in der Boutique Chatty in der Haštalská 21 (Tel. 6 08 13 99 67; www.chatty.cz).

JÜDISCHE ANDENKEN

Der kleine Souvenirshop an der Maiselsynagoge (Maiselova 10, S. 132) bietet eine anspruchsvolle Auswahl von Reproduktionen religiöser jüdischer Gegenstände. Preiswerte Mitbringsel findet man im Laden der Franz-Kafka-Ausstellung (Náměstí Franze Kafky 5, Tel. 2 22 32 16 75, S. 133) und Bücher in der Franz-Kafka-Buchhandlung (Široká 14, Tel. 2 24227 452).

Wohin zum ... Ausgehen?

Seit jeher ist Prag eine Stadt der Kunst. Zahlreiche Konzerte, die auch bei den Pragern sehr beliebt sind, werden in Kirchen und Palästen veranstaltet. Manchmal ist der Besuch eines Konzerts auch die einzige Möglichkeit, eine ansonsten für die Öffentlichkeit geschlossene Kirche von innen zu sehen.

RUDOLFINUM

Der Dvořák-Saal ist das Juwel unter den Konzertsälen, die besten heimischen und internationalen Orchester und Solisten sind hier zu hören. U. a. spielt hier die Tschechische Philharmonie: Sie pflegt die musikalische Tradition Mitteleuropas. Ferner geben das Philharmonische Kammerorchester von Prag und das Tschechische Sinfonieorchester regelmäßig Gastspiele.
✝ 223 F3 ✉ Alšovo nábřeží 12
☎ 2 27 05 92 27 ⊕ www.ceskafilharmonie.cz, www.rudolfinum.cz

Agneskloster
Zum historischen Gebäudekomplex des Agnesklosters gehört heute ein moderner Konzertsaal, der in den 1980er-Jahren über den Ruinen einer frühgotischen Kirche gebaut wurde. Er ist einer der besten Veranstaltungsorte für klassische Konzerte und steht bei den Pragern hoch im Kurs.
✝ 224 C4 ✉ Anežská 12, Staré Město
☎ 2 22 00 23 36 ⊕ www.fok.cz

St. Simon und Juda (Kostel sv. Šimona a Judy)
In der großen Barockkirche finden erstklassige Kammerkonzerte statt

Shoppen auf der Pariser Straße

(Kartenvorverkauf gibt es beim FOK-Büro, U Obecního domu 2).
✝ 224 B3 ✉ Dušní/U Milosrdných
☎ 2 22 00 23 36 ⊕ www.fok.cz

BOOTSTOUREN

Eine der Anlegestellen liegt in der Nähe des Hotels Intercontinental an der Na Františku. Fahrkarten kann man auf dem Schiff lösen oder über den Anbieter EVD (direkt am Anleger oder unter Tel. 7 24 20 25 05; www.evd.cz) reservieren lassen. Darüber hinaus organisiert EVD auch Stadtrundfahrten und schöne Abendfahrten. Die Preise variieren je nach Art und Dauer der Tour.

Moldau-Ausflugsdampfer mit der Karlsbrücke im Hintergrund

WOHIN ZUM ...

Am Wenzelsplatz schlägt das Herz der Stadt. Das Nationalmuseum schließt den Platz am oberen Ende ab.